アタシの

昭和お洋服メモリー

山下　真知子

亡き母と二人の息子たちに捧ぐ

まえがき

六十代も半ばを過ぎるとぼつぼつ昔の記憶を辿っておこうかという気持ちにもなる。今ある自分、今ある自分の暮らしの中のいくつかのこだわり。人間形成にも一役かっただろうそのルーツを私なりに見つけておきたいと思うようになった。

今ある自分のいくつかのこだわりのうち特に最近頻繁に記憶に甦《よみがえ》るのが小さい頃から着せられていた「お洋服たち」だ。勿論、洋服だけではなく、帽子、靴、傘にいたる身の回りで親しんできた雑貨たち。それらのデザインと「いろ」の記憶。これらの数々が今ある私の姿や価値観、美意識までも形作ってきたのだと思う。

本書は六十余年経た今なお、ますます鮮明な記憶として脳裏に蘇るモノたちの年代記ともいえるものだ。私が生まれて物心ついた一九五〇年代から母親になる一九七〇年代までの記憶を今は亡き母から聞いたエピソードと自分自身の当時の実感を辿りながら、「いろ」とイラストで綴ってみたい。

目次

あんこになる

昭和二十八年（一九五三年）

西宮市鳴尾東幼稚園のあんこ

壁を背に立った一瞬にパチリ！
生後8ヵ月のあんこ

この世に誕生　昭和二十八年（一九五三年）

昭和二十八年二月二十四日、私はこの世に次女として誕生した。母が二十六歳、父が三十三歳の時のことである。三人姉兄の末っ子として、予定より二週間ほど早く飛び出してきた「慌て者」だったらしい。そんな「慌て者」の私は体重二千二百グラムの小さな赤ちゃんで、時代なのか保育器に入ることもなく「スクスクと面白いように体重が増えていった」そうだ。今はもう都会では目にすることはないが、その当時のお店屋さんには必ずあった竿秤《さおばかり》。その皿に乗るくらいの小ささで、毎日訪れる行商人のおばさんの竿秤の皿に乗せてもらって、日毎目盛りが増えていくのが楽しみだったと母が言っていた。名前の「眞知子」であるが、三月生まれの予定だったことから「march」か「弥生」か、と迷った末、現代的な響きのある「まちこ」となったそうだ。眞知子の漢字は戸籍では「眞」であるが、書きにくいので小さいころから現在に至るまで「真」を使っている。

竿秤《さおばかり》の目盛りが日に日に増えていくあんこ

思えばこの人生、名字を二度変えた。大学を卒業して一年足らずの二十二歳で結婚して「中村」になり、四十四歳で、新姓として「山下」の戸籍を新調したけれど、名字が変わっても私への呼称は「まちこサン」、「まちこ」で、大学で教えている学生たちも陰では「まちこ」とまるで親戚のように呼び捨てで呼んでいるらしい。もしかしたらこの「まちこ」という名前と響きこそが私のアイデンティティーを形作ってきたのかもしれない。「真を知る子」これはまさに嘘やごまかしが嫌いで、「本当のことが知りたい」という強い欲をもつ私そのものである。

「まちこ」といえば、昭和二十八年ごろの「君の名は」を思う方もいるかもしれない。「君の名は」は菊田一夫の代表作であるラジオドラマで、真知子と春樹の大恋愛ドラマである。後に映画化され、岸惠子演じる「真知子」と佐田啓二演じる「春樹」。この映画の中で、岸惠子演じる「真知子」が頭から首にショールを巻くその巻き方を「真知子巻き」といい、ファッションアイコンにもなったという。それほど世に知れた有名な名前であった。現代の「君の名は。」といえば、二〇一六年に大ヒットしたアニメ映画を思い起こす人が圧倒的だろうが、昭和二十八年ごろの「君の名は」といえば、このラジオドラマが始まると、公衆浴場（お風呂屋さん）がガラガラに空くといった社会現象が見られたほど、大ヒットしたラジオドラマだったという。そんな頃に生まれた真知子という名の私。周りの大人たちに「お名前は？」と聞かれて「まちこ」と答えると必ずといっていいほど「君の名はまちこちゃんか……」と言われたものだった。私は私の名前の頭に、いつも大人がくっつける「きみのなわ」という言葉の意味が何か分からず、中学生くらいまで「黄身《きみ》の縄《なわ》」って何だろう、卵の黄身と縄にどんな関係があるのだろうと思っていた。三、四歳くらいの記憶である。

昭和三十年代の母親のほとんどはそうであったと思うが、私の母も例外なく洋裁、和裁、編物など何でもできた。母は子どもの普段着、特に末っ子だった私の普段着は、ほとんど手作りだったと思う。外出着は近所で仕立ててくれるところを見つけて作ってもらっていたようで、「カリヌイ」の日は母と姉と兄と揃って、夕飯が済むとどこかに出掛けることに、何も分かっていなかった私は「カリヌイ、カリヌイ」とはしゃいでいたように記憶する。「カリヌイ」は子どもにとっては苦痛な時間で「気を付け！　じっとして、シャンとして」と言われるひととだったが、やはり仮縫いの日は幼い私にとって夕飯が済んで暗くなってからみんなでお出かけする「特別な日」でそれだけでワクワクしていた。

母は布地や色、柄にもこだわり、デザインも絵を描いて作ってくれる方に渡していたらしい。例えばフラノのスーツであれば姉と私はライトグレー、兄はチャコールグレー、コール天のジャケットだと姉はイエローオーカー、私は赤みの強いレンガ色など子どものイメージに合わせていたのか、母自身の好みを子どもたちに与えていたのか、ちょっとしたディテールデザインを違えることにもこだわっていたようだ。なぜ私がこういったことを鮮明に記憶しているかといえば、わたしは「セコハン娘」と言われ、自分用に作ってもらったモノが小さくなって着られなくなると、似たようなデザインの兄と姉のお下がりをその後六年間にわたって着せられたからである。姉兄のモノとのデザインディテールの違いというのは、襟のディテールや打ち合わせである。私のデザインは丸いショールカラーのダブル打ち合わせであったのに対して、姉のデザインは必ず角丸のテーラードカラーでシングル打ち合わせ。姉のデザインを見て「あんこもお姉ちゃんみたいなのがいい」と母にねだった記憶があるが、必ず「すぐに着られるようになるからね」と返されたことを思い出す。兄のフラノのスーツのジャケットの襟はノーカラーのV字型であった。これは、インナーにワイシャツとネクタイを想定していたのか、はたまた男子の動きから機能的な襟なしにしたのか、今となっては尋ねるすべもない。この打ち合わせ「男明き」の兄のブレザージャケットを私は小学校三、四年生頃に通学服として愛用することになる。

ところで私は母から「まっちゃん」「まっちゃんこチャン」と呼ばれていた。わがままを言ったりした時は「まっちゃんこ」は「あっかんこ」（関西弁のアカン――良くない――意味とかぶせて）と呼ばれたが、この「まっちゃんこ」の語尾だけが幼児の耳に刺さって聞こえていたのか、三歳頃から自分のことを「あんこ」と言うようになった。小学校ではアタシと言うように気を付けていたが、ときおり「あんこ」と口走ってしまい、慌ててごまかしたりしたものだ。自分のことを「あんこ」と言う癖は小学生時代ずっと続いた。姉の友達からは「あんこチャン」と呼ばれたりして、今思うと可愛い呼び名ではあるが、幼い私にとっては、この「あんこ」という音韻は極めて「恥ずべきもの」で、幼いながらもまるでスカートをめくられて白い毛糸のパンツを囃《はや》し立てられるような最悪な恥辱のひとつであった。どうやら、幼い頃から自意識の高い子どもだったようだ。末っ子なので何かと姉兄から嘲笑されたり、面白がられたりするのだが、これも極めて本気で怒ったり、拗《す》ねたりするので、家族から「スネ子」と呼ばれたり、父からは「こましゃくれ」の「こま子」や「おコマさん」とか呼ばれたりしたこともあった。また三歳当時、幼稚園に行くまでぽっちゃりしていたことから「大山デブ子さん」とも呼ばれていた。本人としてみれば、「至極大真面目」で、そういって周りから面白がられていること自体が不愉快だと感じる幼児だった。今思い出してもリアルに腹が立つが、この融通性のなさはその後も私の中でしっかり根付き、思春期の頃には母から「まちこは冗談が通じない」とか「電話の応対がぶっきらぼう過ぎて感じ悪い」と小言を言われることになる。

さて、話を本題に戻そう。私は次女で末っ子。当然小さいころの写真は姉兄の中で最も少ないし、写真館で撮った写真もない。小さい頃、兄が生まれた時や兄や姉の入学式の時に写真館で撮った写真を見たことがあるが、私のものはなかった。そんな私の数少ない写真も、当然カラー写真ではないのだが、なぜだろうか。このところやけにカラー映像で、おでこの裏に蘇る。色と感触、におい、そしてその時の幼な心に感じ取っていたことまでがリアルに蘇る。

本書を書くにあたり、何度も検証のために姉や兄に電話して記憶を確かめようとしたが、彼らはほとんど「色」では覚えていないことが分かった。兄などは電話の向こうで笑いながら「僕、認知入ってきた？　何も覚えてない。何も感じとらずに現在に至る……か」と言い、それに対して私は「いやいや、私こそ認知が入ってきたかも。昔のことが日ごと鮮明になってきて……」と笑って返す始末。

私と「いろ」との出会いは人生にわたって記憶自体も支配しているのかと改めて気づかされることもしばしばだ。忘れてしまわないうちに鮮やかな色の世界を再現しておこう。

アタシの昭和お洋服メモリーはじまり、はじまり。

3歳のあんこ、5歳の兄、8歳の姉、そして28歳の母

「お洋服」の記憶で最も古いものは二、三歳の頃からだ。今ある自分を形作る素になった文化としての漫画や思い出のテレビ番組も含めてその頃の思いを辿りたい。

私が物心ついたときには我が家にはラジオはもとより、テレビや電気洗濯機や家のお風呂やトースターなどはあった。最初の冷蔵庫は電機ではなく、その頃売り出された冷蔵器ともいうべきか、それも我が家にはあった。冷蔵器の中には氷の塊が入っていた。氷はチリンチリンと鐘を鳴らしてリヤカーで売りに来る氷屋さんから、毎日ではなかったが買っていたと記憶する。チリンチリンという音がすると、母が大きめの金だらいを持って、外に出て氷屋さんに声をかける。私は氷屋さんがやってくるのをいつも心待ちにしていた。氷屋さんは、リヤカーに氷の四角い塊をいくつか載せていた。母にいつも付きまとっていた私は、金だらいを持って玄関の外に出る母について行く。家の前で母が大きさを注文するが何と言って注文していたのか記憶はない。多分、その頃に耳にした単位は「貫目《かんめ》」や「匁《もんめ》」だったように思う。氷屋さんは「はいよ」とか何とか言ってひょいとリヤカーの荷台に飛び乗り、莚《むしろ》を魔法のマントを翻すかのように取り払い、リヤカーの脇に差してあったノコギリをとり、長靴の足で氷が動かないように支えながら、シュッシュッシュッとリズミカルな音を立てて切っていく。そのたびに空に向かって噴水のように氷の粒が噴き出す。私は口を開けて空を仰ぎながらリヤカーの周りをちょろちょろ走り回っていた。噴水のように飛び散る氷の粒は私の口の中にもちゃんと入ってくる。口の中ですぐに溶けてしまうのだけれど、氷が切り終わるととても残念な感じがしたものだった。ひょいと身軽にのこぎりを構える氷屋さんの職人芸的なリズムと冷たい氷が空から降ってくるあのひととき。私は氷屋さんが大好きだった。やがて冷蔵器の中に納まった氷は、まるで氷の箪笥みたいなもので、お魚やお肉は氷と冷蔵器のあいだの隙間に遠慮がちに置かれてあった。

この頃の記憶を辿ると、幼児の小さな視界が捉えていた家の中の間取りや母のたたずまいなど二、三のショット写真の

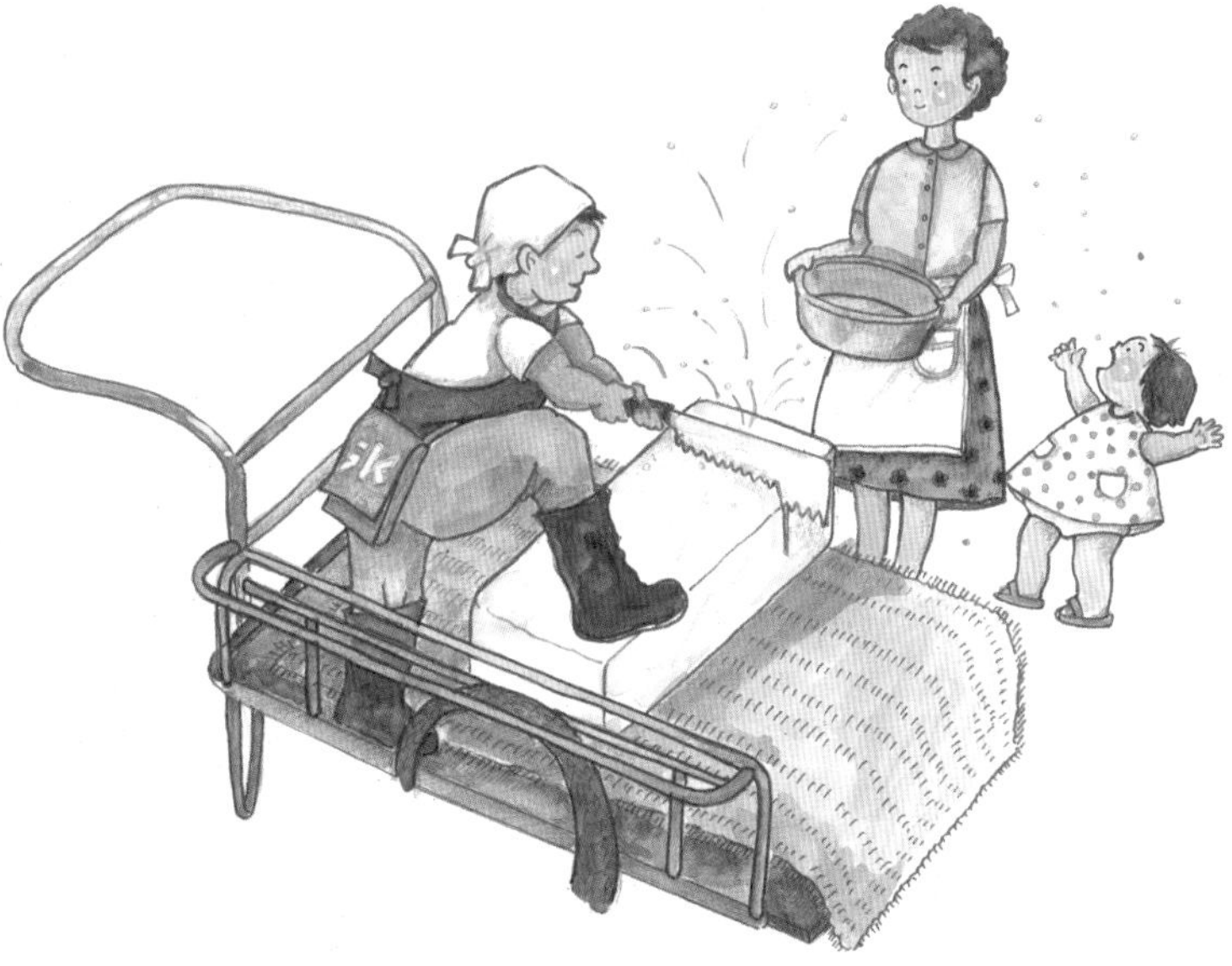

リヤカーに氷の塊を載せて売りに来る氷屋さん

４歳の記憶—生まれた家の台所—

ように見えてくる。電気掃除機にも思い出がある。その頃の電気掃除機は丁度子どもがまたがって乗れる円筒ロケットのような形で、音もロケットエンジンのように大きく、母が掃除機を使い始めると、普通に話す声は全く遮断されてしまうほどだった。それは、畳やふすまや障子の環境の中では実に非日常的なシロモノだった。母がずるずると引っ張っているあのロケットエンジンの上にまたがって乗ってみたいという私と兄の欲求は「掃除機の上に乗っては絶対だめ」という母の一声で充たされなかった。使っていない時の掃除機は廊下の隅に置かれていた。兄も私も母が見ていない間に、実はそっとまたがってみたことがあった。乗ってみたい欲求と、とてもいけないことをしたという罪悪感の間で揺れた私たちだけのヒミツである。

淡いブルーグレーのウール平織りの胸当てズボン　昭和三十一年（一九五六年）頃

最も古い記憶の中でも忘れられないのが、淡いブルーグレーのウールの平織りの胸当てズボンだ。これは母の手作りだった。手持ちの端切れだったのか薄手で比較的さらっとした感触や色に、おそらくデニムのサロペットをインスピレーションしたのだろう。当時のスタイルブックに載っていたのかもしれない。ウールだから膝がすぐ出てくるが、今思い起こせばズドンと裾まで太い胸当てズボンは何となく五〇年代のアメリカへの憧れめいた思いが母にはあったのかもしれない。

一九五五年、二歳半を過ぎた頃のことである。なぜこの記憶が鮮明かといえば、とにかくオシッコに行きたくなる度に大騒ぎしたからだ。胸当ての上に付いたサスペンダー紐の長さ調節用のDカンが、焦れば焦るほど絞《し》

オシッコの度に癇癪を起こしていた胸当てズボン

まってしまい、脱げずによく癇癪を起こしていた。記憶にないが、間に合わない時もあったのではなかったか。

この「胸当てズボン」は今思い起こしてもなかなか可愛いデザインで、母親からすれば、毎回着せたかったのかもしれないが、幼心としては大嫌いな面倒くさい洋服だった。「胸当てズボン」の胸ポケットの周囲に刺されていた茶色のステッチ刺繍はデニムのステッチをイメージした母のこだわりだったのか。これも母が生きている間に聞いてみたかった。

お花のアップリケが付いたコール天ジャンパースカート

昭和三十一年（一九五六年）頃

「よそゆき」に位置付けされていたジャンパースカートだ。同じ布地でショールカラーのダブル打ち合わせのボックスジャケットとアンサンブルになっている。これは母の手作りではなく当時仕立

「ゼンノさんのスカート」でおめかしのあんこ

屋さんをしていた「ゼンノさん」で作ってもらったという。私はこのジャンパースカートのことを「ゼンノさんのスカート」と呼んでいた。裾にお花のアップリケのあるコール天の赤レンガ色ジャンパースカートは、母がデザインしたのだろうか。ゼンノさんは、母のイメージ通りに仕上げてくれたのだろうか。よそ行き着だったこともあり、私はこのジャンパースカートを着ると、可愛い女の子に変身できるような気がして好きだった。ことあるたびに「ゼンノさんのスカートがいい」と着るモノをねだった記憶がある。私の数少ない昔の写真を繰ってみると、このスカートが登場する。この時のボックスジャケットもよく着せられていたが、このジャンパースカートは今でも私の脳裏で光り輝いている。

フラノのアンサンブルスーツ

昭和三十一年（一九五六年）頃

先の「ゼンノさん」で、もう一揃え作ってもらったものに、姉兄ともどこかおそろいのフラノのよ

あんこのお出かけ定番服フラノのアンサンブルスーツ

そ行きスーツがある。先にも触れたが、三人ともどこかお揃い、どこか違う洋服たちだ。姉のお下がりはついにやってこなかったが、兄のお下がりはこの後愛用することになる。これは母と出かけるときの定番服だった。上着は「ゼンノさんのスカート」の時のコールテンの上着（母はこれを「ボックス」と呼んでいた）と同じデザイン。ショールカラーでダブル打ち合わせである。

花籠のニットアップリケのついたセーター 昭和三十一年（一九五六年）頃

母はブラザーかシンガーの家庭用編機を使っていた。この最も古い記憶である手作りのセーターはそれで作ったものと思われる。手編みではなく機械編みが流行ったのだろうか、その後、私が小学校を卒業するまで縁側の一角に編機がデンと設えられていた。それはちょうど左光線になるように真っすぐの廊下の片隅だった。私が学校から帰ると編機の前から「おかえり」と母の声がしたものだ。ランドセルを子供部屋に置き、雑記帳や筆箱を持って、編機の前にいる母のそばにデンと構える。そこが私の居場所だった。私が好きだったのはジャージャーと音がして一段ずつ編まれて長くなっていく部分を見ることだった。編機の前に寝転んで編機の下からのぞき込んでは、一本の糸が一段になるところを見ると即座に起き上がって母の手元を見る。それはとてもミラクルな体験だった。手動のおもちゃの自動車のようなものの中に毛糸が吸い込まれてレールを走るたびに毛糸玉がコロコロ動いて小さくなっていく。その替わりに布のようなものが編み下がってくる様は一本の糸が一枚の布になっていくことを学んだ瞬間だったのかもしれない。

母は編機の前でいつもラジオをつけていた。時には「話しかけないで」とも言った。そんな母の集中している感じが好

ラジオを聞きながら子どもたちのセーターを編む母

きで、私も大人しく静かに雑記帳を広げてお人形さんの絵を描くことに集中していた。ジャージャー、カチャカチャという音だけがする。

　そんなとてものどかな夕方までのひとときだった。お人形さんの絵を描くことに飽きるとゴロンと縁側で仰向けになり、母の膝と編まれていく毛糸が一段ずつ長くなっていくその視界に何故だかとても安心するのだった。小学校二年生の頃だったと思う。

　ある日、いつものように学校から帰り、ラジオを聴きながら手作業している母と編機のそばでゴロンと寝転んでいる時、美しい女性の声の歌あり、視聴者の悩み相談ありといった番組だったのか、「只今のお話は今東光さんでした」というアナウンサーの声がした。それまで、ずっと編機の下を見ていた私は、雑記帳にお姫様の絵を描き始めたのだった。お姫様はマイクの前で歌を唄っている。ラジオから聞こえるその向こうの世界を絵にして横には「こんとうこさん」と書いた。私の耳には「こんとうこさん」と聞こえ、すっかり美しい歌声の女性歌手だと思いこんだのだった。今でも描いた絵を鮮明に思い起こすことができる。

お姫さまだと思って描いた
「こんとうこさん」

姉がいたせいか、我が家では少女雑誌「りぼん」と少年雑誌「日の丸」が常に私の傍らにあった。カメリア館（わたなべまさこ）、りぼんのワルツ（牧美也子）、チャコちゃんの日記（今村洋子）、マキの口笛（牧美也子）などが私の絵の先生だった。特に目の描き方、髪の毛のカール、リボン、ハイヒールなどは何度も真似て描いていた。私が描いた「こんとうこさん」はハイヒールを履いて、お姫様のようなドレスを着て瞳をキラキラと輝かせて歌っていた。「何を描いたの？」と機械編みの手を休めて、尋ねた母に得意そうに「こんとうこさん」と言いながら絵を見せたとたん、母が大きな声で笑った。今東光さんは当時作家でもあり住職で丸ハゲのおじぃさんだったのだ。その日の夕飯の時に案の定、姉や兄たちにそのことが知れわたり、再びみんなから大笑いされた。それでも私は自分の絵の出来に大満足していたので、どこ吹く風だった。

２枚だけ残っていた当時の塗り絵

夕飯時といえば、我が家の普段の夕飯はほとんど母と三人の子どもたちだけだった。子どもたちは皆、その時に聞く母の子ども時代の話や戦争の時の話に興味津々で、三人ともその時間が大好きだった。私は母の小さい頃はちょんまげのお侍さんが歩いていて、母の通う学校は寺子屋だと思っていた。五円で勉強机が買える時代だったらしいが、ちょんまげの時代ではなさそうだった。三人の子どもたちはそれぞれ、歳相応の質問をしながら、答える母の話に耳を傾ける。このひとときは母と子どもたちだけの穏やかな至福の時間だった。夕飯が済み、母の洗い物も済み、お風呂に入るまでの時間は「持ってらっしゃい」という母の号令で兄と私は筆箱を持って居間に集合する。母は台所から包丁を持ってきて座り、古新聞をテーブルに広げる。筆箱の中の鉛筆を削ってもらう時間だ。大概は兄の鉛筆からだったが、毎回私はその手つきをくいいるように見ていた記憶がある。包丁と手と指の間から、削り取られた鉛筆の木の部分がにょろにょろ出てきて鉛筆は綺麗に削られる。そして最後の仕上げは鉛筆を新聞の上に斜めに傾け、芯をコリコリと尖らせていく。母の手は機械仕掛けのようにリズミカルで、息をのみ夢中でその過程を見ていた。鉛筆を削っている母に矢継ぎ早に聞いたことがある。

「どうしてそんなにきれいに削れるの?」

「大人になったらできるようになる?」

母は笑いながら鉛筆削りの手を休めることなく、「誰でも大人になったらできるようになるよ」と。「あんこもできるようになる？　あんこは絶対できるようにならないと思う」と自分は大人になっても、このように上手に削れるようになる筈がなく、お母さんになって削れなかったらどうしよう、と不安に思ったものだった。後にまもなく、我が家の子供部屋の柱に、手動の鉛筆削り器が取りつけられた。鉛筆を突っ込んで取手を回すとゴリゴリ音がして削られていく。このゴリゴリ音は、やがて高校生になった姉に「うるさい」とよく叱られ、「お姉ちゃんが学校から帰ってくるまでに鉛筆削りしないと、また怒られるよ」と母に言われた。すっかり横道にそれた。話を戻そう。

ニットの花籠アップリケのついたセーターは、当時どこかに行くときにはフラノのジャンパースカートの上に必ず着せられていた。セーターはフラノのジャンパースカートと同じ薄いグレーだ。襟周りとポケット口には淡いピンクとブルーの二色の糸で波模様が編み込まれ、前身ごろの左側に、バケツのような形のかぎ針編の花籠がついていた。大きな円弧を描く持ち手

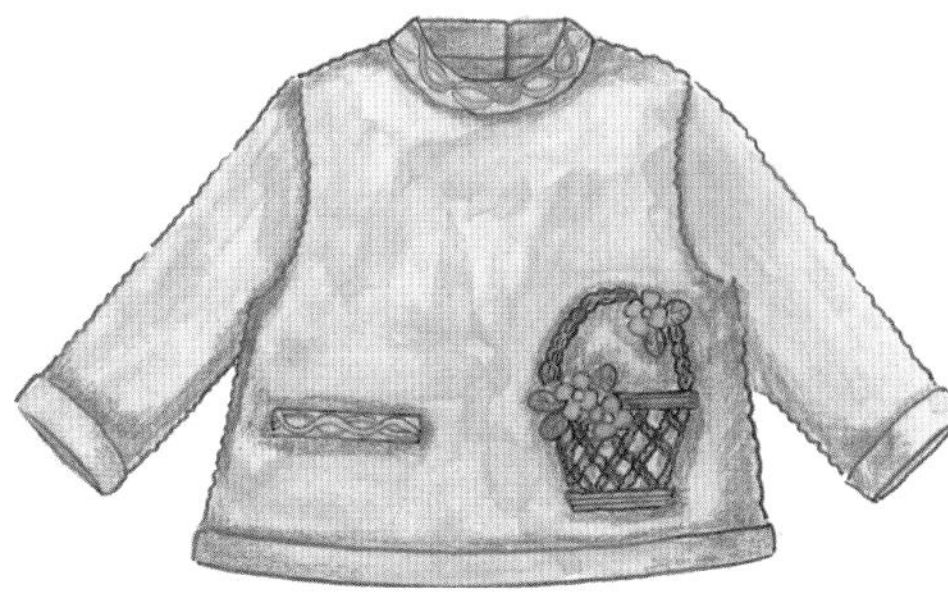

花籠アップリケのポケット付きセーター

もかぎ針編で作られて、籠からカラフルな小さな花のモチーフが顔を出していた。後明きのセーターだったので、着にくかったがそのセーターが出てくると、「お出かけ」の合図だった。これは姉兄ともお揃いのセーターだった。姉のセーターは私のセーターと同じ花籠のポケットが付いたデザインだったが、兄は男の子なので花籠のポケットのかわりに両ポケットが付いていた。ポケット口を飾っていた波型の編込み模様の色も薄いセージグリーンとブルーで私と姉の色とは違っていた。

ひまわり柄の海水着　昭和三十三年（一九五八年）頃

幼稚園に入園しても私は相変わらずお風呂で髪を洗うときは「赤ちゃんダッコ」だった。私はどのような原体験があったのか分からないが、とにかく水が怖かった。赤ちゃんダッコの洗髪スタイルは小学校五年生くらいまでは続いたのではないか。おまけに私は母のおっぱいを触りながら寝るという誰にも内緒の習

ひまわり柄の海水着

慣を持っていた。これも五年生か六年生くらいまでは続けていた気がする。

入園した幼稚園は西宮市立鳴尾東幼稚園で鳴尾東小学校と併設の敷地内にあった。併設されていたとはいえ幼稚園のプールの時間はそんなに頻度が高くなかったが、私は水が怖かったので前日から家で何度も水着を試着して心の準備に余念がなかったのだろう。そのせいか、妙にこの水着を覚えているのだ。当時の写真を見ると白黒写真なので記憶から思い起こすしかないが黄色地に大きなひまわりの花のプリントだった。水泳帽も黄色だった。その頃の水着といえば、今のようなニット地のものを着ている子は三分の一くらいだったろうか。私の「ひまわり柄の海水着」はコットン生地で、胸とおなか周りはシャーリングされた円筒形で伸縮するようになっていた。円筒形の部分は大体おへその下あたりまででその下にスカート状の布がひらひらしていて、その下のパンツはつながっていた。ひまわり柄の海水着はとても気に入っていた。特にこのひらひらしたスカート部分と細い肩紐が好きだった。不安そうな顔をして一人だけ浮袋を持っている私が幼稚園のプール教室の集合写真で残っている。

母はお洒落なヒトだったのだと思う。戦時中を経験したものの戦後に生まれた姉を頭に世の中が徐々に平和でのどかに変容する頃、兄、私と三人の子どもをもうけ、苦労しながらも子育てを謳歌した世代だと思う。父は日本通運に勤め、家の中にはいつも新しい電化製品があり、まずまずの暮らしを保証されていたのではないだろうか。そんな時代感覚に敏感だった母だが、子ども心に疑問に思ったことがある。我が家の下駄箱にはハイヒールが一足もなかった。母はハイヒールを履かないヒトだったようだ。スーツも自分でデザインして仕立ててもらっていたようだが、きりっとしたシャープなスーツ姿が記憶にある。スーツの時でも履いている靴はいつもタッセル付のレースアップシューズだった。今で思うとカッコイイ。母は早くに父親と兄を亡くし、女学校卒業時には母親を亡くしている。そんな母は、近い肉親の縁が薄い分、自分の子どもたちへの執着も半端なものではなかったのではないか。高度経済成長の真っただ中で父は仕事と組合活動に明け暮れていたようだ。子どもたちは深夜に帰る父とはあまり顔を合わせることもなく、その頃の典型的なサラリーマン家庭だったが、そこに母の確たる居場所があったのだろう。その反面、もしかしたら職業婦人に憧れていたのかもしれない。

私が高校一年生の時、担任の先生と保護者との二者面談があり、帰ってきた母は成績が良かった私の今後の進路について「教員になること」を提案した。母曰く「これからの女性は社会で仕事をしていくべきだ。結婚してもしなくても、女性も仕事を持つべきだ」と言った。「結婚しなくてもいいし、結婚して、その旦那さんになる人が、ある日、病気で働けなくなったりした時でも、生活を支えていけるように」と言っていた。私は先生になる気など毛頭なかった。

母は女学校を卒業してから戦時中の一時期、代用教員として働いていたらしい。六歳年上の姉も小さいころから母の影響を受け、その頃すでに教員としての第一歩を踏み出していた。母と姉は二十しか歳が離れておらず、二卵性双生児のような母娘だった。反抗期を迎えていた私はこの母と姉の二個一のような存在の塊がまるで二人の保護者がいるように感じ、うっとおしいと思っていた。「なぜ、先生なのか」と聞く私に母は「これからはどう変わっていくか分からないけれど、今の時代で男女平等を保障されている職業は、先生と呼ばれる学校

キリッとした母とお出かけするあんこ

の先生か、お医者さんくらいしかない」と言った。「ああ、薬剤師さんも」とも付け加えながら私の反応も待たずに間髪入れず、「でも、まちこにはお医者さんにはなって欲しくないの。お医者さんはヒトの生き死にを扱う仕事でいろんな意味で過酷。女の子は幸せな結婚をしてお母さんになって、普通にそういうのがいいと思う」。母の思いを垣間見た気がした。母は女学校を卒業して一、二年でサラリーマンの父とお見合い結婚をした。その父のもとでまずまず豊かな専業主婦をしていたと思う。

私は高校一年生の時に、進路の話で母の「これからの女性は社会で仕事をしていくべきだ。結婚してもしなくても、女性も仕事を持つべきだ」という思いと「女の子は普通に結婚してお母さんになることが幸せ」という矛盾した思いを知った。そうかと思えば「結婚しなくてもいいし、結婚して、その旦那さんになる人が、ある日、病気で働けなくなったりした時でも、生活を支えていけるように」という言葉を聞いたとき、それなりの豊かさを持っていた暮らしの中で、母の中ではアンビバレンスにも父のことを「もし、この人と結婚していなかったら」という思い、またそれを打ち消すように「結婚していなかったら子どもたちもいなかった。別れたとしたら子どもを育てていけない」といった思いが錯綜して揺れていたのではないか。昭和一桁世代の女性にとっては離婚など考えられない時代だったのだ。

私は高校一年生のあの時から潜在的に今の自分を想定していたようにも思う。四十歳過ぎたあの頃の母、その末娘にバトンタッチしようとした母の思い。くしくもその時の母と同じ四十歳過ぎたころに私は離婚という道を選びとることになる。「働かざるもの食うべからず」。小さいころからよく耳にした母の口癖である。

そんな中で育った山下家の三人の子どもたちは、大きな病気をすることもなく、姉は校長先生まで上り詰めて退官し、兄は時代の申し子のような放送局人生を貫き、皆よく働き、勤め上げ姉の七十二歳を頭に、六十八歳になる兄と六十六歳になる私。みんな揃って元気な高齢者になっている。

アイスクリーム柄のサンドレス　昭和三十三年（一九五八年）頃

母が作ったものだと思う。姉とお揃いの布で姉のデザインは肩の部分で前身頃と後ろ身頃の端を結ぶようになっている女の子らしいサンドレス。私のサンドレスは着脱しやすいように考えたのか何の変哲もない前明きの形だった。小学生になってから姉のお下がりを着たいと言ったところ、「あんなのはもう黄ばんでしまったからだめ」と無下に却下された。小さいころは何でも姉の持っているもの、着ているものが憧れで、意味は分からなかったが「セコハン娘」

と呼ばれていた。その「セコハン娘」としては、姉のモノはいずれ自分のところに回ってくると思っていた。このアイスクリーム柄のサンドレスは髪の毛を高くシニョンに結い、かかとがほんの少し高くなっている黄色いつっかけを履き、肩に鞄、右手にはバンビの絵の付いたピンクの麻の子ども用日傘を差し、林間学校に通う姉の後ろ姿への憧憬とともに鮮明である。私はいつも留守番だった。姉と兄の後ろ姿が通りを曲がって見えなくなると、「にゃ～」と寄ってきた近所のノラ猫の頭を撫でていた。

うらやましく見ていた姉と兄の後ろ姿

ちなみに、この当時の姉が「持たされていた」という子ども用のバンビの絵の付いたピンクの麻の日傘だが、姉自身もよく覚えており、「とにかくもう嫌で仕方がなかった」らしい。邪魔になるし、お天気なのに何で傘差しているのかと、同級生たちにも囃されたそうだ。当時も今も「子ども用の日傘」など誰も差していない。当時を思い出しながら姉は言う。「彼女はことさらに人と違うことを子どもに強いた。そもそもあの日傘にこめた母の独特の思い、聞いてみたかったわ」

編み上げの重たい革靴と緑のランドセル　昭和三十四年（一九五九年）頃

姉、兄と続き三代愛用された編み上げにベルトが二本付いた茶色の編み上げ靴。あれは一体どこで買ったものなのか。小学校一年生の転校一日目の記憶しかないが、歩くたびにガッガッと革靴の音がして、ずいぶん大げさな靴だった。姉の入学式は一九五三年頃、兄は一九五六年頃、どちらのお下がりだったのか。日本にはあのような大層な子ども用革靴の需要はなかったのではないか。学習院の制靴のようでもあったが、色は深い焦茶色だった。この不可解な重た

姉、兄、あんこが履いた大層な編み上げ靴

い革靴について姉兄に聞いてみた。彼らもよく覚えていた。どうやら姉の小学校入学式用に準備された革靴だったらしい。兄にも聞いてみた。まっさらなのに既に小さくて足の先が痛かった、と話す姉。「なんか、小さかったような気がするなぁ、痛かった」と話す兄。そうか、二人とも一年生の最初の靴はこの靴からスタート、いや「イタイ」思いからスタートしたのだった。私の記憶は「痛かった」より「重くて面倒くさい」しかない。

私は幼稚園の卒園式を待たずに、父の転勤で西宮市から兵庫県豊岡市に引っ越した。家族旅行の記憶は後にも先にもその道中のみで、列車で西宮から豊岡に入ったようだ。途中で城崎温泉に泊り、西村屋本館で兄とはしゃいで走り回って遊んだ記憶がある。日和山海岸や玄武洞を回り最初で最後になる家族旅行のこの時の写真がいっぱいある。

豊岡で暮らしたのはたった一年半だったが、春夏秋冬の思い出は挙げればキリがない。ぴかぴかの一年生が豊岡から始まったこと、但馬地方のやわらかいイントネーションの方言、初めての二階建ての家、近所の川で柳の束を洗う柳行李《やなぎごうり》の職人さん、線路の向こうに広がるシロツメクサ、家の二階から聞こえるブォーという機関車の警笛、青空市場に並んだ真っ赤で新鮮なトマトの艶、初代若乃花が来て駅まで見に行ったこと、円山川の花火大会、そして積雪など、暮らした一年三ヵ月の間は鮮やかな色彩で埋め尽くされたパノラマ映画のようだ。

その豊岡小学校の入学式は、すでに終わっており、私は卒園式も入学式も経験せず、転校生として豊岡小学校に通うことになる。ドキドキする日に履かされた靴がこの何とも大げさな革靴だった。

もうひとつ、私の人生に大きな影響を与えたものとして「緑色のランドセル」がある。これは私が自分のことを「あんこ」と呼んでいた以上に気恥ずかしかった思いとして今なお蘇る。引っ越した豊岡市は西宮市に比べると田舎だが、住んでいたところは駅から近く、商店街もあり田んぼや畑は校区外に行かないとないような「田舎町」であった。それでも「緑色のランドセル」は誰も背負っているところを見たことがなかった。一人だけ兄と同じクラスにいた背の高い都会的な雰囲気の美人の同級生が、グレィッシュな革色のランドセルを背負っていたくらいだ。今の時代だとどうということはないのかもしれないが、「おっとこのカバンっ」と囃し立てられるたびに泣きそうになりながら、「いいのっ！　ほうっておいて！」と抵抗していた。

母はまだ引っ越し前の西宮の家で「まちこはどの色が好き？」と私に神戸大丸のランドセルのカタログを見せて毎日のように尋ねていたではないか。神戸大丸のランドセルのカタログには、赤、オレンジ、黄、水色、緑、青、黒とカラフルなラインナップのランドセルが並んでいた。その写真の中から毎日のように私の希望を聞いておきながら、母はなぜ私が一度も指さしたことのない「緑色のランドセル」にしたのか。「まちこはどれが好き?」と聞かれるたびに「オレンジ色」「黄色」「やっぱり赤色」と指さしていた。毎日繰り返し尋ねられ、面倒くさくなった私は「お姉ちゃんのお下がりでいいよ」と答えていた。そのたびに母は「あれは戦後間もなくのもので粗悪だから、お下がりは無理」と言っていた。「まちこは何でもお下がりだから、ランドセルくらいちゃんとまちこの物を買うよ」とも言っていた。

ある晩、たしか誕生日の夜だった。寝ていると、耳元で「まちこ、まっちゃん」と母と父の声が聞こえて、目を開けると左右から両親が私を覗き込んでいた。「起きて見てごらん」と言われ、眠い目をこすり布団の上でぺたんと座ると枕もとに大きな箱が置いてあった。私がすっぽり入れそうなほど大きな箱だった。記憶に残っているのは大丸デパートのマークと子どもがランドセルを背負っているイラストだ。会社人間で子煩悩ではなかった父もニコニコして「開けてごらん」という。私の勘は「赤いランドセル」でそれが入っている筈だった。手伝ってもらいながら開けて出てきたランドセルを見て夢じゃないかと思ったほどだ。

私の勘は見事外れ、「緑のランドセル」が出てきたのだ。「背負ってごらん」と二人から急かされ、背負ってみたものの半ベソ状態だった。誕生日だったので、神戸大丸で予約していたランドセルを父が取りに行き、その時に元町にあった不二屋で「おまけの品」を買ったらしく枕元にはそれも置かれていた。それは薄い青紫色の六角形のビニールバッグで、開けると中にキャンディーやチョコレートが入っていた。

父がそうやって子どものことに時間を割き、父と母が同じような笑顔でいるのは、子どもにしてみれば我が家ではとても貴重でかけがえのない光景だった。私は緑のランドセルを背負って、薄い青紫色のキャンディー入りビニールバッグを持って大声で泣きそうになりながらも、そうすることが両親の笑顔や気持ちに応えることになるのだと幼心に理解したのだと思う。いや、感情の記憶ではそうなのだが、実際は傍若無人の末っ子はパジャマの上に緑のランドセルを背負って大泣きしたのかもしれない。このことについても、母が亡くなる前に聞いておけばよかったとつくづく思う。

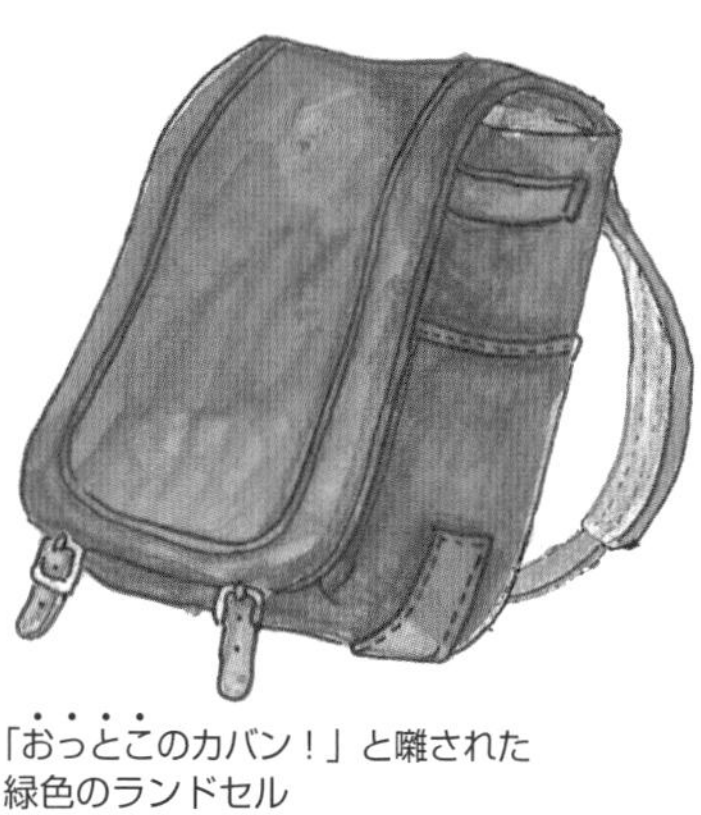
「おっとこのカバン！」と囃された緑色のランドセル

そんなわけで私の人生で初めて意識した苦い「いろ」は緑色である。その後、大学卒業後に結婚するのだが、若くして母親になった二十代から三十代の半ばにかけて、この苦い「緑色」は私のこだわりの色として洋服、持ち物、次男に着せる服など生活場面のいろいろなところで存在感を放ち続けることになる。母のこだわりは、相当なものであったことは分かる。そして子どもを大切にかわいがってくれたのも事実だ。だがあの「どれがいい？」とほとんど毎日カタログを見せては私が指で一度も指したことのない「緑」のランドセルは母にとってどういったこだわりだったのだろう。謎である。

一九五〇年代のテレビ番組

この頃必ず母と三人の子どもたちで見ていたテレビ番組に「おトラさん」と「お笑い三人組」がある。何時頃に放映されていたのか分からないが、いずれも全部見たわけではない。その頃の私にして見れば、深夜に放送されていた感じで、済めば寝る時間だったと思う。母はお笑い番組やホームドラマが好きで、これらは二つとも喜劇だった。

おトラさんは、調べると一九五六年から一九五九年の金曜日の夜に放送されていた。漫画家西川辰美さんが「女中のおトラさん」というタイトルで雑誌「主婦の友」に連載していた四コマ漫画の実写化である。女装しておトラさんに扮した落語家の柳家金語楼さんは大きな男の人で、おトラさんが困ったときや、ちょっとイタズラをした時に目をまんまるに開けて口元をぐにゃりと曲げる。おトラさんの顔はまるでゴムでできているのではないかと思えるほど変幻自在だった。私はドラマのストーリーや顛末は全く分からなかったが、眠い目をこすりながら、おトラさんの顔を食い入るように見ていた記憶がある。お笑い三人組はあまから横町の住人である落語家の三遊亭小金馬、講談師の一龍斎貞鳳、物まね芸人の江戸家猫八がほのぼのした喜劇を繰り広げるものだったようだが、私はおトラさんの表情のほかには三人組が楽しそうに主題歌を歌っているシーンの記憶しかない。欠かさず母と三人の子どもたちが見ていた二大番組である。

「ぴよぴよ大学」（一九五六年〜一九六〇年）は姉と母がよく見ていた。もともとはラジオ番組だったらしい。他には、兄と一緒に必ず見ていた夕方の「チロリン村とくるみの木」（一九五六年〜一九六四年）や、日曜日には「名犬リンチンチン」（一九五四年〜一九五九年）、「パパは何でも知っている」（一九五四年〜一九六〇年）だ。初めてのアメリカ文化はテレビを通して知ることになる。「月光仮面」も見ていたが、これは時代が少し後。私が五歳の時だ。そういえば「赤胴鈴之助」という漫画の実写版のテレビドラマもあった。これは吉永小百合が子役時代に扮していたドラマだ。

我が家にテレビが来たのは、一九五五年頃で私がちょうど物心付くころだ。民放の放送開始が一九五三年の日本テレビに次いで一九五五年に盛んになったらしいので、新しもの好きの父がすぐにテレビを我が家に導入したものと思われる。私はまだ二歳頃で小さかったのでテレビから流れるコマーシャルソングとともに映るパラパラ漫画風のアニメーションしか覚えていない。「♪わっわっわっーわが三つ」というミツワ石鹸や「♪ぎゅーにゅー石鹸　よい石鹸」や「♪あかるーいナショナール、あかるーいナショナール」などだ。こうして考えるとそのころは香り豊かに改良された石鹸や洗剤の新製品や電化製品がテレビのコマーシャル枠に頻繁に登場していたのだろう。特にナショナルは日曜日のゴールデンタイムの番組スポンサーだった。我が家も「ナショナルが一番」と、ナショナル電化王国だった。テレビは玄関の脇の応接間の上がり口付近に置かれ、昔のテレビにはビロードの布のテレビカバーが付いていて、見終わると画面を幕のようにおろすということが習慣づいていた。近所にテレビのある家は我が家だけだったらしく、私たちが居間でご飯を食べている早い時間でも、「テレビ見せて」と近所の子どもたちが来ていた。母はそれをとても嫌がっていたように思う。子どもたちがご飯を落ち着いて食べなくなることが最も大きな理由だったのだろう。ご飯をそそくさとおちつきなく終えた我が家の三人は近所の子どもたちがテレビの前を陣取っていたので、後ろの方で遠慮がちに見ていた。子どもたちの汚れた裸足の足の裏も妙に印象に残っている。そんないろいろも母にすれば何となく許しがたいものだったのかもしれない。私たちが居間でご飯を食べている早い時間というのも、近所の子どもたちが来るまでに夕飯を終えたいという母の思いがあったのだろう。近所の子どもたちが来ると、顔ではニコニコしていたが、母の心は怒っていた。当時の私には分かっていた。

あんこ、小学生になる

昭和三十三年（一九五八年）

１年生になったあんこ
豊岡の自宅の玄関前で

兄と喧嘩して拗ねて怒るあんこ
豊岡の自宅裏庭で

キリンの絵のついた赤い傘　昭和三十三年（一九五八年）頃

ランドセルは緑だったが私のお気に入りはキリンの絵のついた赤い雨傘だった。ほとんどの子どもが無地の子ども傘を差している時代に、母はどこでそれを見つけてきたのだろう。雪の日にも傘を差すが、私は緑色のランドセルを背負って、母の作った耳あての付いた帽子とキリンの絵のついた傘をさして気分はルンルンだった。相変わらず「おっとこのカバンっ」と囃し立てられていたけれども。

ピンク色の革靴　昭和三十三年（一九五八年）頃

豊岡商店街の中によく立ち寄る履物屋さん（靴屋さん）があった。そこで、サンダルや足口にシール（フェイクファー）が付いた防寒のつっかけ（サボみたいな形）なども買ってもらったが、なんといってもあの大層な編み上げの重たい革靴に替わる革靴を買ってもらったことが印象的だ。この淡いピンクの革靴はフロントゴアのスリッポンタイプ

キリンとライオンがついた赤い雨傘

ピンクのスリッポン革靴

で履きやすく、大のお気に入りだった。私が欲しいとねだったのではない。母の「一目ぼれ」だったのだ。靴に対してもまた、母のこだわりは強かった。

においのする深い赤レンガ色の丸い襟付き前明きカーディガン　昭和三十四年（一九五九年）頃

母は毛糸を実に大切にしていた。糸は編んだものをほどいては染め直し、よく二次利用していたものと思われる。ほどいた毛糸は板に巻いて束にし、洗って乾かしてから、火鉢にかけたヤカンの口からシューシューと出る湯気に丁寧に小さな波型になった毛糸を引っ張りながら伸ばして巻き取っていた。そのあと、そのまま新しいセーターやカーディガンを編むこともあれば、違う色に染めて全く違う毛糸に再生して編み始めることもあった。このカーディガンも元の色が何色だったかは知らないが、染められた色はやはり深い赤レンガ色で、母はこの色がよほど好きだったのではないか。そういえば、私が小学生の頃、母は冬になると時々着物を着ている日があった。普段着の着物の上にウールのジャージ素材で前ボタンがついた茶羽織を着ていることがあった。当時一度聞いたことがある。

「なんで、着物なの？」

「冬は暖かいからね」

この母ご愛用の茶羽織は私が癇癪を起こして前身頃の裾部分に噛みつき、食いちぎるという暴挙に出たが、これもやはり深い赤レンガ色だった。

襟付きのカーディガンは作り手である母自身の自己満足度が高かったのか、朝起きると頻繁に「今日着るモノ」として枕元に置いてあり、私はそのたびに朝から駄々をこねていたものだ。使われていた毛糸は何度も染め直したものなのか、金属っぽい薬品のような染料の臭いがした。私はこれがイヤだった。着心地も硬かった。色も嫌いだった。小さい私が見てもいかにも手が込んだ複雑な模様編みで、小さな丸い襟が付いていた。前立ての縁はかぎ針で松編みが施されていた。ショールカラーの周りにも紺色の糸で小さな松編みがならんでいた。ボタンはつるんと真ん中が盛り上がりボタンの周りはギザギザになっていて前立ての松編みの貝の形といい、ボタンのつるんとした感じが、ちょうどお味噌汁に入っているシジミを連想させ、それも嫌だった。やがて「着て行くのイヤ!」という私と「着て行きなさい」と言う母との闘いが延々と続く。最後に母が「言うこと聞かないなら裸で行きなさい」と言い放って、私は陥落し、泣

イヤだった深い赤レンガ色カーディガン

きながら袖を通すことがお決まりのコースだった。ある時、母が「着たら良く似合うし、こんなに可愛いのになんで嫌がるの？」と言ったことがある。何もかも嫌だったが、よく考えると、やはり「色」だったように思う。暗い赤は汚くて古臭い感じがしたのだった。

ここまで辿ってきてふと思う。私はきっと幼いころから着るモノや色にうるさい子どもだったのだろう。そういえば、晩年に母が言っていた。「まちこはほんとに着るモノに難しい子どもだったらしい。

ホットケーキ色のフレンチスリーブのプルオーバー　昭和三十四年（一九五九年）頃

母はカシッとした素材が好きだったのか、このプルオーバーはしっかりしたブロードで後ろ明きのフレンチスリーブだった。色はおいしそうなホットケーキを思わせるクリームイエローで（そういえば、黄色は小さい頃からよく着せられていた色だ）スクエアにカットされた襟刳りには焦茶色のステッチ刺繍がしてあった。

私は色彩の授業で配色を教えているが、「濃淡」という言葉はもしかしたら、母がよく使っていたのかもしれない。このお洋服は

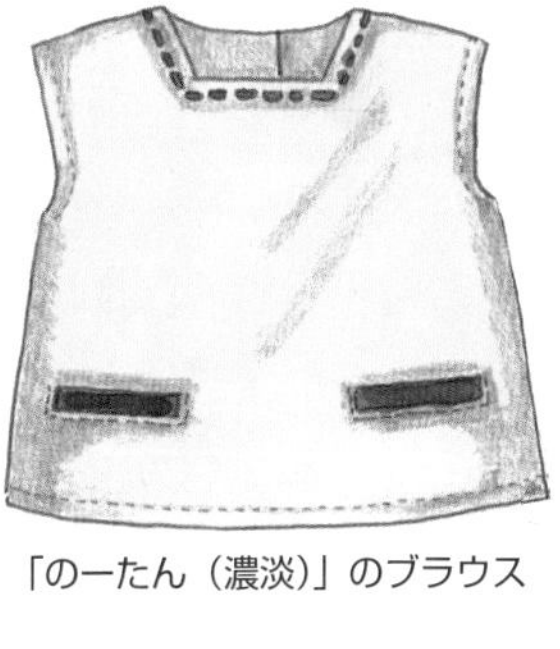

「のーたん（濃淡）」のブラウス

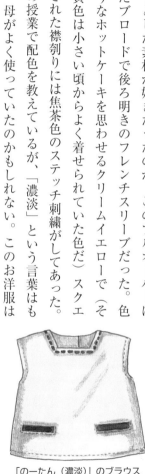

我が家では通称「のーたん」のブラウス」という名前だった。このプルオーバーのポケット口にはアクセントとして焦茶色の布が使われていた。板チョコがポケット口から覗いているようにも思えたし、当時度々、我が家のおやつで登場したホットケーキを連想させる色とデザインだった。

手作りの耳あて付き帽子　昭和三十四年（一九五九年）頃

都会育ちの山下家の子どもたちは豊岡で初めての雪国体験をした。豊岡のたった一度きりの春夏秋冬はどれも今の私に何らかの影響を与えたものと思われる。それは神戸に引っ越す前に経験した伊勢湾台風でさえも子ども心には、とにかく何もかもが魅惑的な初体験の連続だった。

豊岡に引っ越した年の九月、母は父の胆石の手術で芦屋病院に付き添っていたので、年の離れた従妹のお姉さんと子どもたち三人だけで豊岡の家で伊勢湾台風に遭遇する。円山川が氾濫して、一階まで浸水し、一階は池か海のようになっていた。私たちは二階に避難していたが、二階にはトイレがないので、おシッコをしたくなったら、一階と二階を上り下りする階段の上から三番目辺りでおシッコした。子ども心にも妙な感じだった。そのうち父の会社のおじさんか自衛隊のおじさんたちが、私たちを「筏《いかだ》」で救助に来てくれた。おじさんは私の頭をえんじ色のゴムガッパですっぽり包んで、抱いて「筏」に乗せてくれた。お隣にあった質屋さんの看板「原 質店」がプカプカとおもちゃのように浮かんで流れていた。避難したのは豊岡駅前にあった父の会社、日本通運の建物で、二階の会議室のようなところに連れて行かれた。そこには大きな会議用のテーブルがあった。抱っこしてちょこんと椅子に座らせられた私に見えたものは、テーブルの上にどかんと大きなお皿に載った白いおにぎりの山だった。もう一つ見えたものは黄色い沢庵がうずたかく盛られたお皿だった。伊勢湾台風といえば、焦茶色の「筏」。深い緑色の海のような通り、えんじ色のゴムガッパ、白いおにぎり、黄色い沢庵だ。この何とも貴重な体験は今でも「いろ」とともに鮮やかに甦る。

豊岡での初めての冬。家の前に大きな道があり、夜の間に深々と積もった雪が朝起きると視界一面、真っ白できらきらと輝く銀世界に目を見張る。もちろん家の前の広い道には車が走っていたが、私の記憶は家の並びにあった牛乳店をしているお店の三輪トラック程度で、その頃はまだ、雪道の間を馬が荷車を引いていたものだ。学校からの帰りは溶けた轍《わだち》のあとを通って歩くのだが、足が凍えていてもそれはそれでワクワクしていたものだ。ちょうど

耳あて付き手作り帽子

かき氷が器の中で溶けかけたようなグチュグチュとした感じである。ある日、深々と雪が降り続き、さっき通って帰ってきた轍も土もすっぽり瞬《また》く間に雪が覆ってしまった日があった。夕飯時まで降り続いていた雪も、夕飯が済んだ後、「雪が上がってお月様がでているよ」と母が言い、玄関から外に出てみると、近所の子どもたちも皆、出てきて「遊ぼう」ということになり、雪でお城を作ったことがあった。記憶ではステージのようなものを六年生の姉や三年生の兄、近所の小学生数人、皆で作ったように思う。雪合戦をした記憶はないので、おそらく姉と同級生だった男の子が主導して、「お城」的なものを作ったのだろう。私はそのステージみたいな雪の舞台に上って、「雪の夜は子どもが外に出て遊んでもここでは叱られないんだな」と月明かりの中で嬉しかった。一、二時間程度の間だったのだろうが、転んでも痛くない子どもの王国を子どもたちだけで作って遊んだその体験は私に大きな影響を与えたと思う。その時被っていた耳あて付帽子は以前、ゼンノさんで作ってもらった深い赤レンガ色のコール天の端切れと兄の洋服を作った時の焦茶色の端切れで母が作ってくれたものだ。

ひまわり柄のサックドレス　昭和三十五年（一九六〇年）頃

サックドレスというのは母がよく口にしていたアイテム名で円筒状のシンプルなワンピース

のことである。一九六〇年代に世界的に流行したと後に知るが、実に私は母を通してこの六〇年代のファッションの洗礼を小学生時代に受けることになる。サックというのは「袋」を意味し、まるでずだ袋の中に入っているようなもの。夏は涼しく着やすく動きやすく、おまけに簡単で作りやすかったのだと思う。幼稚園の頃のお気に入りのひまわり柄の海水着に続いて、これも大きなひまわりの柄で、油絵のようなタッチだったように記憶する。子どもっぽくない大人好みのひまわりプリントのサックドレスは私のお気に入りだった。

ひまわり柄のサックドレス

サクランボの造花の付いた夏の麦わら帽　昭和三十五年（一九六〇年）頃

母が夏の帽子を買ってくれた。二年生くらいの時のことだ。つばが真っすぐ九十度に出たカンカン帽やその先がせり上がった水平帽タイプではなくキュートでドレッシーな形で、まるで「それいゆ」に出てくる中原淳一先生の描くイラストの女の子が被っているような形だった。

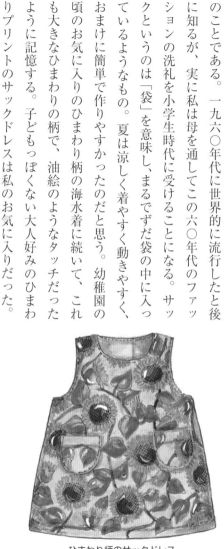

私はこの帽子がとても気に入っており、特に左サイドについていたサクランボと葉っぱと焦げ茶色の細めのリボンとリボンの端が後ろに下がっている感じがとても好きだった。どこへ行くにもこの帽子を被っていた。

やがて、私は高学年になってから真っすぐ九十度に出たつばの先がせり上がった水平帽の形の麦わら帽をかぶっている友人がうらやましくなり欲しくなっていくのだが、父の転勤で豊岡から神戸に引っ越すときには、まるで中原淳一先生のイラストにでてくる女の子になりきっていた。

サクランボのついた夏の帽子

グリーン地のハート水玉ジャガード柄のワンピース　昭和三十五年（一九六十年）頃

豊岡から今度は神戸に引っ越すことになった。結局、豊岡には一年と一学期間だけ暮らしたことになる。引っ越す時のよそ行き着として仕立屋さんで誂《あつら》えてもらったのが、グリーン地のジャガード織に、さらに小さな白いハート柄が織られた生地だ。ワンピースは姉のも私のも前明きでダブルの打ち合わせは同じ。襟とスカート部分がデザイン違いだ。私のワンピースはセーラー衿のような三角の布が付き、ローウエストのプリーツスカートで、姉のワンピースは広い幅のテーラーカラーでスカートはギャザースカートだった。ダブル打ち合わせで白いボタンが四個付いているところだけが二人ともお揃いだった。ワンピースの素材は結構しっかりとしたハリのある生地だったので姉のスカート部分がふんわりとしてとても素敵だった。私のワンピースはといえば、ペタンとしたプリーツで姉のフンワリしたギャザースカートに憧れていた。なぜそのようなデザイン違いにしたのか。姉と私は六歳離れているので、体の大きさの差がデザインに影響したのだろうか。今回、デザインを再現すると私のワンピースの方がパターンパーツも多く手がこんでいる。だけど私はいつも姉の物の方が断然素敵だと思っていた。

ジャガード柄のよそ行きワンピース

あんこ、神戸っ子になる

昭和三十六年（一九六一年）

神戸市立名倉小学校３年生
秋の運動会の日のあんこ

兄が構える子ども用カメラで
モデルになり嬉しいあんこ

神戸に移り住んで私はここで十一年間暮らすことになる。その間も父は加古川支店、姫路支店などの転勤があったようだ。両親は子どもたちの学校のことを考えたのか、私は神戸で残りの子ども時代を過ごすことになる。東京オリンピックもビートルズやカーペンターズの来日ライブもみな、神戸の我が家でテレビによって知っている。フォークソングや反戦歌ブームも花の万国博覧会も何もかも一番多感な時代を私は「神戸っ子」として過ごした。

楕円形のカラフルなドット柄の焦茶色のワンピースとボレロのアンサンブル

昭和三十四年（一九五九年）頃

豊岡から神戸に引っ越してくるときに着せられたグリーン地のワンピースはその後、法事やきちんとした場所に行くときには着たが、それ以外は着ることもなく小さくなった。姉のお下がりにもついに、お目にかからず終いであった。これはなぜか分からない。今思うとあれは、相当に上等な服地だったと思う。考えられるとすれば普段に着てザブザブ洗ったとしても、アイロンや手入れに手がかかりそうだった。あるいは母の満足いく仕立てになっていなかったのかもしれない。いずれにしても何らかの母なりの理由があって母自身が着せたくないお洋服だったのだ。そんな風に思ってしまう。そんなときに、母が私と姉にデザインが全くお揃いのワンピースとボレロのアンサンブルを作ってくれた。それは、焦茶色地にカラフルなお米ほどの大きさの楕円形がランダムにプリントされた総柄のコットンでボレロの周りとワンピースの襟刳り、裾廻りにもヤマミチテープがついていた。ところが残念なことに、これもほとんど着る機会に恵まれなかった。グリーン地のお仕立てワンピースの替わりになるよそ行き着として母が作ったのかもしれないが、普段着としては着る機会は少なかった。たまに着せられても姉も私もワンピースだけ着ていたような気がする。子ども心にあまり着たいと思わないアンサンブルだった。なぜか。

ここまで紹介してきた中でも母の好みはどれもハリのある素材で、それもどこかひとひねりされたもの、つまり光の具合によって模様がその陰影で見えたり隠れたりするようなものか、織が変わったものかなど表面効果のある素材だ。この焦茶色地のコットンプリントはおそらくコットンポプリンではなかったかと思えるほど、しっかりハリが

焦茶色にカラフルプリントのボレロスーツ

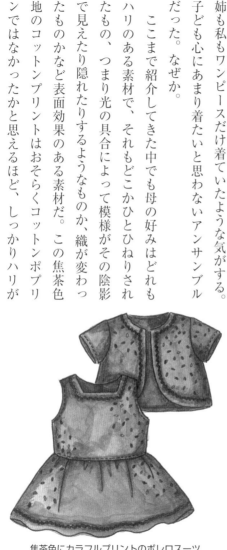

あり分厚くて重いのだった。汗かきで着にくいものは嫌いだった私にとって「着たい」と思わせるお洋服ではなかった。今思えば、あれはその後、ほどいた生地を何かに再利用したのだろうか。給食の食器入袋にも体操服袋にも、はたまたカバンの裏地にもなっていなかったように思う。あれはその後どこに行ったのだろう。

森の可愛い情景の図案がクロスステッチされたピンクのお稽古カバン

昭和三十五年（一九六〇年）頃

このかばんは脳裏に焼き付いている。細かい刺繍で間の抜けた顔をしたロバだかキリンだかが森の木の切り株にいるリスから木の実を貰《もら》っているところだ。周りにはいくつものキノコやお花がいっぱいで蝶々も飛んでいた。クロスステッチ刺繍の淡いピンクの布カバンは土曜日の午後に通っていたピアノのお稽古用だった。

前に我が家には少女雑誌「りぼん」や少年雑誌「日の丸」があったと書いた。「りぼん」の中には可愛いお洋服を着た漫画の主人公がどのページにも溢れていた。今でこそ、キティちゃんやスヌーピーなど、ブランドキャラクター付きのグッズは珍しくないが、その頃には何もなかった。ブランドとして存在感を放つキャラクターといえば漫画の主人公の絵で、出版社がノベルティや附録に印刷したグッズはあったが、一般に商品としては売られていなかった。それでもぼつぼつ漫画の主人公を模したようなお人形さんのイラストが文房具などにプリントされ始めた頃だった。

私は、学校から帰るといつも塗り絵をしていた。今ではレトロなキャラクターとしてその頃の塗り絵の主人公もブランド化されているが、その頃は、お人形の絵はただのお人形の絵だった。それでもキャラクター消費の夜明けとも言える頃で、学校の友達の筆箱や下敷き、紙石鹸入れなどはそんなお人形の絵がついていた。その頃、女の子に夢を与えてくれていたのは内藤ルネさんのイラストで、内藤ルネさんの絵はきまって頭にカチューシャやリボンを付けてプードルを鎖につないでお散歩していた。内藤ルネさんの耳が長く下がった犬のキャラクターの財布は持たせてもらっていたが、我が家では、可愛いお人形さんの絵の付いたモノなどは子供部屋のどこにもなく、唯一雑誌についていた附録の紙の組み立て式小箱や塗り絵の中だけで大満足していた。そんな時に動物が楽しげにしている森の一シーンを刺繍で表現したカバンを持たせてくれたことは画期的な

愛用したクロスステッチ刺繍の
お稽古カバン

できごとだった。それも淡いピンクだ。このカバンは大事にお稽古用にだけ使っていたが、そのうち学校に持って行くカバンになり、底が破れて、持ち手が擦り切れる高学年になるまで愛用した。

黄色いビニールの腰蓑をつけたダッコちゃん　昭和三十五年（一九六〇年）頃

私は小さい頃から、母のそばから離れないような子どもだった。豊岡に住んでいる時に、父が胆石で芦屋の病院に入院して手術することがあり、どのくらいの期間だったか覚えていないが、母は父に付き添って芦屋にいた。三人の子どもたちは豊岡に残されたわけである。当時、父の姉夫婦が神戸で文具店を営んでいた。そのお店で働いていた従業員のおばちゃんと年の離れた従妹のお姉ちゃんたちが、私たちの世話を週替わりでしてくれた。私は一年生だったが、寝るときは母のおっぱいを触るのが習慣だったので、母がいないということは安眠できないということだった。

小学校一年生の時の作品に、お皿絵があった。白ベースのお皿に、ポツンと紫色のお花が活けられた花瓶とその花瓶のそばに黄色いチョウチョが飛んでいる。絵の背景の白の多さと線だけで描かれた絵に担任の竹井幸子先生が「まちこちゃん、何か不安なことがあるのではないですか」と母に連絡があったそうだ。チョウチョの黄色と紫の花の色を見た竹井先生は、いつも楽しそうな色で絵を描くまちこちゃんはどうしたのかな、と感じたらしい。

私はそれまでも母のそばから離れないような子どもだったのだが、この豊岡の母不在の不安感からか、高校生になるまで一人で留守番をすることを避けていたように思う。姉兄は今でも「三人で留守番を頼まれても、まちこだけはすぐに外に遊びに行ってしまう無責任な子だった」と小さい時のことをなじるほど、家にいない子どもだった。

ある日、いつものように母の買い物に付いて行った時、橋の上の露店で当時流行していたビニール人形の「ダッコちゃん」が売られていた。ダッコちゃんは、最初「ウィンキーちゃん」と呼ばれ、黒人をデザインしたビニール人形で、両手両足は前で丸く何かにしがみついているような形。顔は横を向いていて目が光線の加減でウィンクしているように見える、そんな人形だった。後に「ダッコちゃん」と呼ばれるのだが、若い女性や子どもたちの間で、上腕にダッコちゃんをしがみつかせて歩くことが大流行になっていた。橋の上の露店で買い求めたので、「真正品」ではなかったが、母に「買って！」とねだったのだった。「本物じゃないと思うよ」と母はぶつぶつ言いながらも面白がって買ってくれた。ダッコちゃんはいくつかの色の腰蓑をつけた種類があったが、その時私が選んだのが、黄色の腰蓑をつけた「ダッコちゃん」である。

その後「おさるのオンブちゃん」というビニール人形も売り出され、これは、初めて夜に一人でお留守番をした時のご褒美だと言って、ちゃんとしたおもちゃ屋さんで買ってきた「真正品」だったようだ。

ダッコちゃんを買って貰ったあんこ

ピンクのパフ風スリーブの刺繍がいっぱいオーバーブラウス二種　昭和三十五年（一九六〇年）頃

神戸に引っ越してしばらくして、電気オルガンが我が家に来た。私は近所に住む和田初江ちゃんと一緒に土曜日の午後ピアノを習いに通っていた。その時の記憶を辿ると必ず蘇るのがこのピンクのオーバーブラウスだ。これは同じパターン、同じ布で前身ごろの刺繍が異なる二枚である。どちらも母の手製。これを交互に来ていたような気がする。

ひとつは丸いショールカラーでもうひとつは四角い襟の廻りにステッチ刺繍があった。丸いショールカラーのブラウスにはサクランボのクロスステッチ刺繍が左右胸と左右ウエストあたりに入っていた。四角いショールカラーのブラウスにも両前胸、両ウエストあたりの全部で四箇所にそれぞれすずらん、なでしこ、三色菫、桜草のお花の刺繍が入っていた。袖は袖口をピンタックで絞ったパフスリーブ風だ。どちらをよく着た記憶があるかというと丸い襟のサクランボが付いた方だった。

母の手刺繍オンパレード！２枚のブラウス

ベージュの七分袖のオーバーブラウス　昭和三十五年（一九六〇年）頃

このブラウスは七分袖のオーバーブラウスで、素材はハリがあるが柔らかく、おそらくダブルガーゼ織だったのではないか。ショールカラーの周りに茶色のステッチ刺繡がしてあった。打ち合わせの部分にもダブル両サイドに縦にステッチ刺繡が入っていた。袖口はフリルのようになるようにゴムが入っていた。昭和三十五年頃、二、三年生の頃の私はこれらのオーバーブラウスとプリーツスカートのコーディネートが定番スタイルだった。母はどうやらこのダブル打合わせが好みだったようだ。私がこれまで、ここに挙げた記憶の中の洋服たちにはダブル打合わせのものが多い。ダブル打合わせだとオーバーブラウスとして着ることになる。子どもにしてみれば、下着の上に吊りスカートのサスペンダーを身に付ける違和感があったが、母は女の子のスカートのウエストからブラウスがはみ出だしてだらしなく見えることを嫌っていたのだろう。

ステッチ刺繡がアクセントのブラウス

オリーブ色と水色のプリーツスカート　昭和三十五年（一九六〇年）頃

スカートのプリーツ加工技術が当時のトレンドだったか、母もそういえばプリーツスカートを穿《は》いていた。そのプリーツ加工のスカートが遂に子供服にも登場したのだろう。母はほぼ同時期に私のプリーツスカートを二着買ってきた。ひとつは地味なオリーブグリーンで、もうひとつは生地にシュッシュッと白い糸が走っているような水色だった。オリーブグリーンは当時の私からすればとても大人っぽい色だ。一年生の時の緑のランドセルの洗礼が効いたか、私は水色のプリーツスカートよりこのオリーブグリーンのプリーツスカートの方が自分らしいと気に入っていた。

オリーブ色と水色のプリーツスカート

黄緑色の水玉模様のウエストリボンのワンピース　昭和三十五年（一九六〇年）頃

近所に住んでいた同級生の和田初江ちゃんが着ていたワンピースを見た母がスタイルブックとパターンを借りて作ったものだ。初江ちゃんは一人っ子でいつも髪形をツインテールにして大きなリボンを左右につけていた。その初江ちゃんのお母さんも洋裁をする人だったのだろう。「すごくかわいいワンピースの型紙を借りてきた」と母が言い、白地に黄緑色の水玉模様のコットン地を広げて、型紙を載せていた記憶がある。母は秋や冬は編み物だったが、春は編み物と洋裁、夏はもっぱら洋裁を広げていた。姉はその頃はもう中学三年生だったから、主に私の衣類を作ることがその頃の母のブームだったのかもしれない。母は庭の植物もとても好きで、学校から帰ると庭にいるか玄関の三畳間で洋裁を広げているか、だった。このワンピースは左右にリボン紐が付いていて、ウエストで左右それぞれにリボン結びできるようになっている。打ち合わせはやはりダブルだった。辿ってみるといかにダブル打ち合わせの洋服を着せられていた頻度が高いか。母のこだわりが徐々に鮮明になってくる。

黄緑色のドット柄ワンピース

お花の刺繍とレースが付いたショールカラーブラウス 昭和三十六年（一九六一年）頃

母はとにかく大仰なモノが嫌いだったのだ。ブラウスの襟の端レースにしても小さくてシンプルなモノを好んでいた。この母親のこだわりは私自身の美意識にも相当影響したと考えられる。

というのも以後三十年ほど経て大人になり、私がベビー・子供服のデザイナーをしている時のことだ。大量の見本帳からレースを選ぶのだが、選ぶレースの傾向が期せずしていつもほぼ同じ品番だった。大量のレースの見本帳など私からすれば、気に入ったものが五種類程度しかなく、どうしてこんなにたくさんの種類が必要なのだろうといつも思っていた。さまざまなデザイナーの商品サンプルが段ボール箱いっぱいに送られてきても、「レースを見るだけでまちこさんのデザインはすぐ分かる」とパターンナーさんが私のサンプルをすぐに取り出してきてくれたものだ。

母は既製服のブラウスの襟の形やレースが気に入っても刺繍が気に入らなければ、刺繍だけほどいて自分で刺し直すということもあった。このブラウスはそんな母の眼鏡にかなった珍しい既製品の一着で、私も気に入っていた。デザイナーをしてからもこのブラウスは私のデザインのルーツになっていた。

小学三年生の頃は学校から帰ると「塗り絵」とお話作りばかりをしていた。姉も兄も絵や習字を習っていたが、私はピアノだけ習っていた。塗り絵は「きいちのぬりゑ」でまだその頃は世の中に漫画の中のキャラクター塗り絵はなかった。私は作文が大好きで、庭の木の葉っぱや木にとまってチュンチュン鳴いている雀などの話し声が聞こえる子どもだった。大人は想像だと思っていたのだろうが、一人で静かにしている時には電信柱も石ころも向かいの屋根の瓦さえも声を出してお話ししているのが聞こえるような気がする子どもだった。作文用紙に庭の木の話や雀のおしゃべりなどを題材にしたお話を書くのが私の遊びの一つだった。作文は三年生頃から六年生まで、神戸市小学生作文コンクールでいつも入賞していた。絵は家中でいつも「おめでたい絵」と笑われていたが、私はいたって大真面目で絵も好きだった。小学校二年生の時、全校描画会があり、青果市場に写生に行った。どこの青果市場に行ったのか記憶にないが描いた絵はとてもよく覚えている。私は大きな画用紙の手前に大きな人参を何本も描いて、周りに大根やカブを描き、真ん中の通路におじさんを描いた。人参は絵から飛び出してきそうな迫力のあるものだった。クレパスで塗りたくっていたキャロットオレンジの色は今でも思い出す。ずいぶん後になってから母から聞いた話だが、どうも他の子どもとは視点が異なり、自分の視覚に飛び込んできたモノを手前に描いた構成が斬新だったらしい。この青果市場の絵が神戸市の「特選」で表彰された。「おめでたい絵を描くあんこ」が特選をとったのだった。「どんなもんだい」と家族に

お花の刺繍とレースが付いたブラウス

対して誇らしい気持ちだった。そんなことがあっても、私の通知簿の図工はいつも五段階評価で「三」だった。二年生から四年生の間中、終業式の日から三日間くらいは家族に「三ちゃん」と呼ばれた。屈辱的だった。学校の先生にも家族にも誰にも私の絵や図工のセンスが理解されないのだと悔しかった。五年生になって図工が専科の先生になってからは、クラスでも図工の成績はトップクラスになっていた。何のテーマを与えられてもとにかく私の発想は自由で人とは違っていたが、お題を出されたとたんに作品の完成形が自分の中で妙にはっきり見えているような子どもだった。専科の鈴木先生にはとても可愛がってもらった。それがきっかけになったか、それ以降は常に美術の成績は良かった。家で「三ちゃん」とは呼ばれなくなった。

藤色の千鳥格子のジャケットスーツ　昭和三十六年（一九六一年）頃

通っていた神戸市立名倉小学校は、六甲にあるカナディアンアカデミーというインターナショナルスクールと友好関係を結んでいた。三年生から六年生までの代表児童が春は小学校からカナディアンスクールを訪問し、秋はカナディアンスクールから外国の子どもたちがやってきて皆で遊んだ。名倉小学校には当時、菊作りで有名な用務員さんがいて、彼の育てたりっぱな菊が学校中の自慢だった。菊花展なるものも開催され、学年ごとに菊の写生をしたり、菊にちなんだ工作の作品を展示したり。この時期にカナディアンスクールの子どもたちを招いていたのだと思う。

私は三年生の春にカナディアンスクールを訪問する学年代表に選ばれた。あまりよく覚えていないが三年生から六年生までの児童二十人くらいはいたのではなかったか。末っ子が代表に選ばれ、母はよそ行き着をと考えたのか、藤色の千鳥格子のジャケットスーツを買ってくれた。スカートはサスペンダー付きのプリーツスカートで上着はノーカラージャケットだった。時代からして、決して安価なものではなかったと思うが、いつも飾られていた洋品店の店先で母は虎視眈々と狙いをつけていたのだろうか。

ある日、いつものように買い物について行ったときに、「可愛いでしょ、まちこは好き？」と洋品店に飾られているスーツを指さした。それは、淡い青みの紫色で藤の花のような色だった。五ミリほどのチェック柄は子ども心にもモダンでハイカラな感じがした。「好き、きれいね」と言うと、「気に入ったなら買いましょう。今度着て行けるように」と、さっさとお店の中に入って行き、あっさりと買ってくれた。母は決して無駄使いをするような浪費家ではなかったし、そんなに何でもすぐに買ってくれるような人ではなかったが、末っ子が代表に選ばれたことが晴れがましく喜ばしいと感じていたのかもしれない。

藤色のハイカラなスーツを着た私はカナディアンスクールに到着した日に人生初の洋式トイレを体験することになる。トイレに行きたくなった私は六年生のお姉さんに告げた。どうやら学年を超えた縦のメンバーで班作りがされていたようだった。六年生のお姉さんは、トイレに一緒に連れて行ってくれる途中で「ちょっと変わったお便所だから教えるね」と言ってトイレのドアを開けてくれた。トイレのドアの向こうにあったものは、これまで全く見たこともないお便所だった。お姉さんは「これはね、いつも使っているお便所とは反対向きになって、この縁に椅子のように座るのよ。ドアの外にいるからまちこちゃんもやってみて」と教えられ、おそるおそるパンツを下して逆向きに座って用を足してみた。子ども心に不思議な気分だった。日本式の便器はまるで大男のスリッパのような形の便器に向かって小さくしゃがみ、ウーンとおなかに力を入れるときも頭が膝にめり込むくらい態勢が小さく丸くなるのに対して、西洋式の便器はリラックスして座り、まるで威張っているように顔も胸もピーンと伸びて開いた態勢なのだ。用を足

藤色の千鳥格子のシャネル風スーツ

す行為は国が違っても同じなのに、その行為に向かうスタイルが違うことが不思議だった。これを経験した三年生の頃は、とにかく新しい世界を経験したピカピカの気分だったが、多分その頃から私はウンコやおしっこをすることは、恥ずかしそうに縮こまってすることではなく、大らかに胸張ってするくらい、開かれたことなのだと確信したと思う。

ウィングチップのTストラップの茶色い革靴　昭和三十六年（一九六一年）頃

同じころに買ってもらった茶色のウィングチップのTストラップ革靴である。どうも母はこの形と、サイドゴアのスリッポンタイプが好みだったようで、このTストラップ型の靴は記憶しているだけでも二足目である。彼女は「靴」が好きだった。小さい頃から母が選んで身につけていた靴は、コンセプトが一貫しており、これは私の生涯の靴選びにも多分に影響を与えている。私は母がほぼ履かなかったハイヒールを三十代から十年間ほど履くようになり、その後、外反母趾に悩まされて、ハイヒールは卒業することになる。後ろ髪引かれる思いでハイヒールを断念した今は、やはりいつもどことなく小さい頃から慣れ親しんできた靴を思わせるデザイ

ウィングチップのTストラップ

ンやフォルムを選び取っている自分がいる。

兄のお下がりノーカラーのフラノジャケット　昭和三十七年（一九六二年）頃

四年生になると、伸ばしていた髪の毛も背中の真ん中くらいになり、おさげ髪だった。この頃はもっぱら兄のお下がりのノーカラーのジャケットやジャンパーなどを着ていた記憶がある。母は学校から帰った私と市場《いちば》に出かけると、必ず帰りに、「ミマツ」という雑貨や洋品の並ぶ今でいうセレクトショップのウィンドーを一緒に楽しんで見る人だった。「ミマツ」は、買い物が終わったら必ず「あそこ見てもいい？」と言いたくなるほど、可愛いものたちで溢れていた。「ミマツ」にはカバンや小物、手作りのニットもの、可愛いベビー服も品揃えてあった。今思うと、ファミリアの子供服なども逸品ものとして並んでいたかもしれない。中でも特に私と母が指さし合って見たものに、フェルトで作ったブローチやカチューシャ、鞄やアクセサリー等の小物類があった。自分でも作れそうな、作っ

胸に付けたフェルトのブローチが映える
兄のお下がりのフラノジャケット

てみたくなるような、見ていてワクワクするようなモノでいつもウィンドーが飾られていた。この時に珍しくいつも見ていた小さなお人形のフェルトのブローチを買ってくれた。フェルトのブローチは手づくりで、小さな足や手が付いていた。母は姉がひがむほど末っ子の私には、何かと「可愛いもの」に対して寛大であった気がする。この日も兄のノーカラーのフラノジャケットを着ていたが、お店で包んで貰ったあと、お店の外で「まちこ、開けて胸に付けてみようか」と言って、兄のジャケットの胸に付けてくれた。フェルト製のお人形のブローチを付けたとたん、お下がりではなく新品のお洋服を着ている気分になった。「セコハン娘」も悪くない。

兄のお下がりフラノ半ズボンと真っ赤なハイソックス　昭和三十七年（一九六二年）頃

その頃、テレビのコマーシャルはどんどん進化していて、とにかく視聴者の耳に残るような単純なフレーズを繰り返すコマーシャルソングが多かった。今でも覚えているのは「♪アツギのタイツでスッタカタ、スッタカター」や「♪アラビィカ、アラビィカ、アーラビカ、グリコのコーヒー、アラビカッ♪」などだ。特にアツギのカラータイツはテレビ画面にカラフルなタイツが乱舞していたような記憶がある。ピンク、黄色、赤、ターコイズブルーなど、リズミカルで楽しいコマーシャルソングと共に私の視覚を捉えていた。そんな時、母がタイツではなく赤と鮮やかな青の長靴下を買ってきた。ちょうど手塚治虫の漫画「鉄腕アトム」のブームだった。この鉄腕アトムのキャラクターが、日本のキャラクターブームの草分けではないだろうか。明治のマーブルチョコレートには鉄腕アトムやウランちゃんやお茶の水博士のキャラクターシールが漏れなく一枚ずつ入っていた。筒形のパッケージに入った明治のマーブルチョコレートは「七色が揃ったチョコレート」で中にはおはじきの形をした七色のチョコレートが入っていた。二十個ほど入っていただろうか。おはじき型のチョコレートをテーブルに全部並べて、何色が何個入っているのかみるのが好きだった。色がカラフルな上に子どものおやつに適量で我が家の定番おやつだった。小さい頃から収集癖のある二つ年上の兄は、これ得たとばかり鉄腕アトムのシールを収集していた。兄は、小さい頃から道端に落ちている棒切れや石ころなど、なんでも拾ってきて母に叱られていたが、シールや切手の収集に移行してからは母に叱られなくなっていた。私はといえば集めて眺めるような子どもではなく、バリバリっとパッケージを開けたとたんに何にで

兄のお下がりと赤いハイソックス

も貼り付けてしまう子どもで、こっちの方が母に小言を言われたものだ。「まちこは、モノを大事にしない」。

さて、その鉄腕アトム君は真っ赤なハイソックス（ブーツ）を履いていた。その頃、兄が小さくて履けなくなったベージュのフラノの半ズボンは私の愛用品になっており、そこに母が買ってきた赤い長靴下を膝のところまで折曲げて学校に通っていた。井上君という男の子に「鉄腕アトムみたい！」と言われたことが嬉しかった。

海藻やお魚がメリヤス刺繍されたピンクのセーター　昭和三十八年（一九六三年）頃

二年生の学芸会では「ありとキリギリス」の劇に出た。「ありとキリギリス」はありとキリギリスが主役のイソップ寓話だが、学芸会の演目用に「アゲハチョウ」や「コガネムシ」の配役もあり、私はこの「コガネムシ」に選ばれたのだった。「あり」にも「キリギリス」にもセリフがあったが、「アゲハチョウ」と「コガネムシ」はそれぞれの出番で一フレーズの独唱をしたのだった。

「♪コガネムシは金持ちだ　金蔵建てた家建てた　子どもに水あめなめさせた♪」

なぜか三年生の学芸会の記憶はなく、四年生は「双頭の鷲の旗のもとに」の器楽合奏に出た。

この時は小太鼓だったか、トライアングルだったか覚えていない。五年生ではダンスに出た。このダンスは、どのようなストーリーだったか覚えていないが、深海のお魚になる役だった事だけを覚えている。私は五人ほど横一列に並んだ女子児童の一人で音楽に合わせて万歳姿勢で挙げた両腕をしなやかに柔らかく、と幾度となく練習させられたことを覚えている。本書を書くにあたりその時のイメージがよみがえり音楽までもが記憶に浮かび上がってきた。あれはドビュッシーの「アラベスク第一番ホ長調」だったのだ。その後、五十歳近くになって、研究論文を執筆している時に、いつもバックで流していたお気に入りの曲こそ、ドビュッシーの「アラベスク第一番ホ長調」だった。ほっと懐かしい気持ちで癒されていたのは五年生の時にダンスの練習でさんざん聞かされた曲だったのか、と感慨深い。

　私はダンスに出るのが嫌でたまらなかった。練習で先生に叱られることはなかったが、学芸会の練習のある日は家で不機嫌だったのかもしれない。母に「どんなダンス？」「何の役？」と聞かれるたびに「お魚のダンスなんてイヤだ、やりたくない」と言っていた。そんな私の気

お魚のメリヤス刺繍のピンクセーター

をとりなすように母がその晴れ舞台に着るセーターを編んでくれたのだろう。出来上がったピンクのセーターにはお魚や海藻のメリヤス刺繍が入っていた。母の色の好みは明白で、ピンクといっても、オールドローズ系の落ち着いた色だ。お魚の刺繍の入ったセーターを着て両手を挙げてダンスの振りをし、前列で不機嫌そうな顔をしている学芸会の写真が残っている。

赤がアクセントの白い運動靴　昭和三十八年（一九六三年）頃

家からだいぶ離れたところに三菱倉庫という三菱重工の施設があり、そこでイベント的に物販があったのだと思う。

近所に住んでいた幼馴染の後藤路子ちゃんは同じクラスになったこともなかったのだが、母親同士も友達だった。母親同士は引っ越し後間もない参観日の帰り道がたまたま同じ方向で、どちらからともなく話しかけたのだろう。母はこの後藤サンのおばちゃんと、その後もよく一緒に買物に行っていた。この時も二人で買い物に行き、そこで買ってきたのがこの運動靴である。その頃の運動靴といえば、低学年はスリッポンタイプで高学年は靴紐のついた編み上げタイプが普通だった。大きなサイ

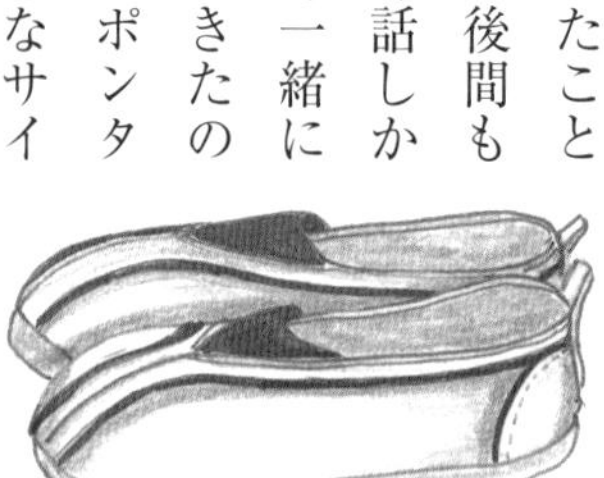

当時にしてはモダンなデザイン
赤がアクセントの運動靴

ズのお洒落なスリッポンタイプはまだ世の中では珍しかった。スマートな形で白地にかかとの方から前に向かって左右に流線形の細くて赤いラインが入っており、甲の部分のゴム地も赤だった。白い運動靴なのだが、「赤い運動靴」と言いたい程、赤い色がアクセントになっているデザインだった。後藤サンのおばちゃんは路ちゃん（私は後藤路子ちゃんをそう呼んでいた）用に「黄色」の色違いを選んだようで、翌日、路ちゃんも新しい「黄色の運動靴」を履いていた。

私は神戸に引っ越してきてからもあまり緑のランドセルを背負って学校に行かなかった。「背負っていくのは嫌、冷やかされる」というのが理由だ。そんな私の様子を見て、母は、自身がこだわった緑色のランドセルについて、少し思うところがあったのかもしれない。

母の好む地味でおちついた色や大人っぽいプリントを子ども用に選ぶ傾向は変わらなかったが、一年生の時の緑のランドセルの一件があってからは「男っぽい色」を私に押し付けることは一度もなかった。

薄いグレー地に六〇年代を思わせるカラフルな幾何柄のワンピース　昭和三十九年（一九六四年）頃

六年生の春の遠足は姫路城だった。その日の朝に、滑り込みセーフで母が作ってくれたワンピースは、白っぽいライトグレー地に古銭のような幾何柄で艶のあるコットンサテン地だった。母が前夜まで徹夜で仕上げてくれたワンピースで、着るとまっさらの布のにおいがした。出かける私を門のところで「ちょっと待って」と、ワンピースの裾をつかんで、まだ残っていた仕付け糸を引っ張っていた母の姿を思い出す。襟なしのパフスリーブでとてもシンプルなデザイン。六〇年代の少しグレィッシュなカラーがカラフルにちりばめられたプリント地だった。スカート丈もそれまでのワンピースよりも長く、急に大人になったような気がした。歩くたびにサテンの感触がさらさらシャリシャリしていたことを思い出す。

60年代そのもの幾何柄のワンピース

折り返しがタータンチェックの黒いジャージのパンツ　昭和三十九年（一九六四年）頃

今ではニット地の衣類が当たり前だが、昭和三十九年（一九六四年）当時は、現在Tシャツと呼ばれるものが出始めたころで、当時の子どもは夏でもサッカー地の布帛《ふはく》のシャツを身に付けていた。このパンツは当時ではまだ珍しかったニットジャージ素材で、黒とチャコールグレー地の二本は五年生の時から私の愛用品だった。六年生になって背丈が伸び、ズボン丈が短くなってしまったので、母が裾にタータンチェックの布を付け加えてリメイクしたものだ。

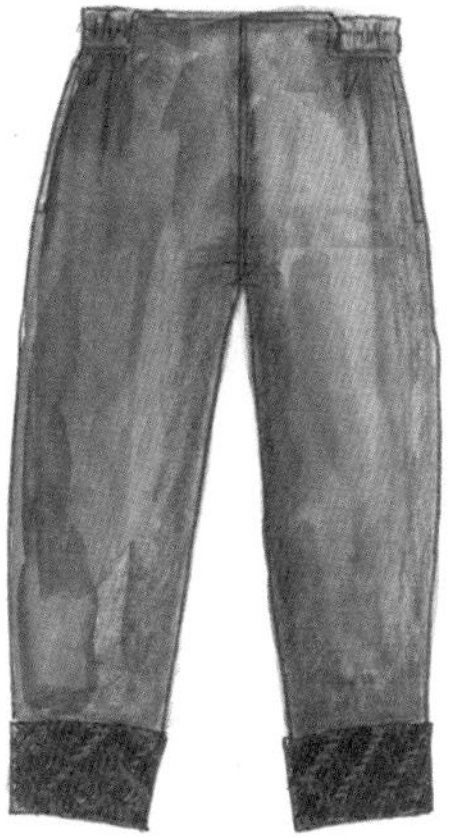

タータンチェックのリメイクパンツ

ポケットにお花の刺繍のあるデニムのギャザースカート　昭和三十九年（一九六四年）

それまで、作業服ではあったのだろうが、一般のアウター素材としてはあまり汎用されていなかったデニム素材が注目されたのは、やはり東京オリンピックをきっかけにした海外文化の輸入だったのだろう。その頃からGパンというアイテムをちらほら見るようになった。私の普段着はもっぱら兄のお下がりと母の手作りが主流だったが、このアウターとして新しい素材であるデニムを使って母がチャレンジしたサスペンダー付きスカートである。

当時、ちょうどフェルトの全円（サーキュラー）スカートが小学生の間でも流行っていた。「りぼん」の雑誌にもよく載っていたスカートで、フェルト素材でスカートの前には「プードル」

をお散歩に連れて歩く女の子のアップリケや、「ハイヒール」、「ハート」「お花」などのモチーフが付いているものが多かった。私もこのスカートを母にしつこくねだっていた。母は「あんな既製品はだめ。洋裁をしないお母さんの家の子が着るモノ」と断固として聞き入れてくれなかった。そういえば、お金持ちそうでバレエを習っている子が着るような雰囲気があった。私は母に「じゃ、作って」としつこくねだった。そんな私に根負けしたのか、作ってくれたのがこのデニムのスカートである。

当時の一般家庭ではまだジーンズやTシャツの存在はなく、それは東京オリンピックの開催を機に外国の文化が入ろうとしていた頃で、デニムは作業着やカバンなどでしか市民権を得ていなかった。母にしてみれば「デニム」で洋服を作るということがとても斬新な試みであったに違いない。多分「我ながら最高のデザイン」と内心ほくそえんでいたのではなかったか。ところが私にしてみれば、デニムの素材感といい、色といい、出来上がったスカートに「作業服っぽさ」や「殺風景さ」は否めず、ましてあんなにサーキュラースカートを懇願していたのに、それはギャザースカートだったのだ。私は心の中で「あんこが欲しかったのは、華やかなお金持ちお嬢様的な全円フェルトのサーキュラースカートなのに、なんでこれなの？」という思いでいっぱいだった。母はスカートのポケットに花の刺繍を施したが、プードルのお散歩の絵柄のスカートとは、似ても似つかぬ全く別のモノだった。「こんなの違う！」と駄々をこねた私に、「何でも流行の物、ヒトが着ている物を真似ればいいというものではないの。誰が見ても既製品と分かるようなものは恥ずかしい」と、母特有の主張を曲げなかった。私は最初、渋々だったが結果的にこのスカートを愛用し、この頃のあんこの定番服だったといっても過言ではなかろう。

ある土曜日、クラスの藤井加代子さんからお誕生日会に招かれた。そもそもお誕生日会など一人っ子か、お金持ちのお嬢様が開くようなものだった時代だ。特別な日に招かれたこと自体が私の中で特別だった。

その日、学校から帰ると母は留守で姉と兄がいた。姉が、「まちこがお誕生会に着て行くお洋服はこれ」と母から言われているとのことだった。私は今でも全く自覚はないし、当時もなかったが、相当着るモノに難しい子どもだったようだ。出されていた洋服は、兄のお下がりの紳士シャツによく見るドビー織の水色の細いストライプのボタンダウンシャツと、このデニムの吊りスカートだった。「こんなの絶対嫌だ。これは普段着だ。お誕生日会に着て行くものじゃない」と癇癪を起こし六つ年上の姉に猛烈な勢いで文句を言った覚えがある。六つ年上の姉は「一番かわいい組み合わせだと思うよ」と言って、私の主張を完全に無視していた。兄も部屋にやってきて「なんで泣いているの？」と。姉は無関心だし兄はピント外れで怒りがピークに達し「これはお兄ちゃんのお下がりだし、スカートは普段着のスカートだし、こんなのお誕生日会に着て行ったら笑われる」と泣き叫ぶ妹に困り果て、大声で泣いている私を放って居間に退散した。兄は困ったような顔をして、自分の切手のコレクションブックを持ってきて「これ見せてあげるから泣き止んで」と言った。そうこうするうちに、友達の宮本峰子ちゃんが誘いに来た。姉が「まちこ怒って泣いているけど、上がって待っていてね」と子供部屋に峰ちゃんを連れて入ってきた。バツが悪かった。私は地団太を踏んでいたのだ。誰も分かってくれないことに対して怒り狂っていたのだった。

兄が峰ちゃんの気を引くように「切手見て」と、自分の収集している切手帳を見せていた。同じように切手を収集していた峰ちゃんは、兄の切手帳の中の珍しい切手を指さして「これ、持っているなんて羨ましい」などと言いながら、兄と楽しそうに話していた。怒りの矛先をそがれてしまった私は、仕方なく母が準備したという「お兄ちゃんのお古のカッターシャツとデニムのスカート」に着替えて、峰ちゃんと藤井さんの家に向かったのだった。泣き止んでまだほんの少ししゃくりあげが残っていた私の顔に、ひんやりした風とお日様が当たって心地よかった。

藤井さんのお誕生日会に行く峰ちゃんとあんこ

峰ちゃんは頭のいい子で何も言わずにバツの悪そうな私に話しかけてくれた。「まちこちゃんも私と同じようなことしているね。私も出かける前にママと着る服で大喧嘩して出てきたんよ」と言った。峰ちゃんもママが作ったという緑色のデニムのパンツ姿だった。

藤井さんへのお誕生日プレゼントに何を持って行ったのかはあまり覚えていないが、いつも母と覗いた長田商店街の「ミマツ」で買い物をしたことは覚えている。そして藤井さんのお誕生日会は、私がイメージしていたお誕生日会よりももっと庶民的で温かく、みんなで走り回って鬼ごっこやカクレンボをして楽しかった。いつも学校で会っている友達なのに、「お誕生会」という時空は子どもの私にとっても非日常空間で友達が学校で見せない表情をたくさん見た。とてもとても楽しかった。

タータンチェックのスカートとブレザージャケット　昭和三十九年（一九六四年）頃

六年生の修学旅行はお伊勢さんだった。東京オリンピックが開催された年で、開会式での日本選手団のユニフォームは、カンカン帽と赤いブレザーに白いパンツやスカート。国旗の日の丸の色にちなんだらしい。その年の修学旅行だから、女子は赤いブレザーに白いプリーツスカートを着ている子がとても多かった。私は兄のお下がりではなく、新調されたグレーのブレザーに、母の手作りの赤いタータンチェックのスカートを着た。ちょっぴり長いスカート丈が小学生の終わりを告げていた。

神戸市立名倉小学校卒業式のあんこ

アタシ、中学生になる

昭和四十年（一九六五年）

中学生になったアタシ

「女学生の友」の附録のファッション　昭和四十年（一九六五年）

定期的に購読していた「りぼん」を卒業し、姉がとっていた「女学生の友」という月刊誌が私の愛読書になった。ファッションや綺麗なイラスト、小説など多彩な総合誌だった。特に楽しんで頁を繰っていたのはファッションと小説である。その後、集英社から「小説ジュニア」というものが発刊されて、これも購読していた。小説ジュニアの中の小説は、男女の恋愛ものなど、思春期の中学生には刺激的なものが多かった。

中学二年生の時、クラスに安田さんという背の高い女の子がいた。皆から「ヤッサン」と呼ばれていて、利発で背も高いので皆から頼られていた。このヤッサンはジュニア小説が大好きで、私も影響を受けたのではないかと思う。もう一人、北村さんという女の子がいて、北村さんは海外の映画や俳優の情報が満載の「スクリーン」という雑誌や「ミュージック・ライフ」というやはり海外のミュージックアーティストの情報誌に詳しかった。北村さんは特にエルビス・プレスリーとオードリー・ヘプバーンが大好きで、家に遊びに行った時、切り抜きのノートを見せてくれた。洋画といえばディズニーの「バンビ」、「メリー・ポピンズ」や「サウンド・オブ・ミュージック」くらいしか見たことがなかった私は、同じ歳で洋画についてとても詳しい北村さんは別世界の女の子のように見えた。ヤッサンもまた、「一人部屋を与えられて、スクリーンやミュージック・ライフの雑誌に囲まれて、夢見る北村さんがとてもうらやましい」と帰り道に私に言っていた。ヤッサンは、父親と二人暮らしだった。ヤッサンがこの時、どんな思いで話していたのかその後、知ることになる。

それは一九六七年七月に神戸を襲った豪雨災害の時だ。クラスの連絡網で土砂に呑み込まれそうになっているヤッサンの家の土砂を運ぶお手伝いが呼びかけられた。数人が駆けつけるとすでに土砂をスコップでバケツに入れる作業をしているランニング姿の男子たちがいた。担任の鈴木先生も男子に混じって作業指示を出していた。女子たちは男子がバケツに入れた土砂を運ぶことくらいしかできなかった。川の傍に建っていたヤッサンの家は無事で彼女は私たちを家の中に案内してくれた。家の中に入ると大きな土間があり、部屋は土間の横にあるひとつだけで、部屋の隅っこにヤッサンのコーナーがあった。ヤッサンの机の周りや壁には、時間割や映画俳優の写真などが貼られていて夢ある女子中学生の世界が広がっていた。ヤッサンは「これが無事でよかった!」と映画俳優の写真などの切り抜きが集められた箱を見せてくれた。

ヤッサンは背が高く、勉強もできて運動神経もよく決断力もあり皆から信頼されていた。何しろ性格が明るくさっぱりしていて同級生から見てカッコ良かった。私は、あの時ヤッサンの家の土間から見た女子中学生の夢の片隅の情景が忘れられない。

ある時、ヤッサンが小説ジュニアの特大判のようなものを学校に持ってきていた。ヤッサンと私たちは、昼休みにその小説の話題で楽しく盛り上がっていた。担任の先生は鈴木寛先生という、音楽専科の若い男の先生だった。神経質で怒りっぽいので上級生は「シンケイ」というあだ名で呼んでいた。と、突然鈴木先生が「安田、何を読んでいる！」と語気を荒げて教室に入ってきた。「小説ですけど……」とヤッサンは答えた。するとツカツカと私たちの中心にいたヤッサンの机の上から特大判小説ジュニアをわしづかみにして、ビリビリと裂き、「こんなものは読むな！　小説でもなんでもない！」と乱暴に窓の外に放り投げた。今の時代であれば「パワハラ」だと大問題になるところだろうが、鈴木先生の余りにもスゴイ剣幕と行動に驚いた私たちは開いた口が塞がらなかった。確かに小説ジュニアはちょっとエッチな内容の小説もあったが、コメディーもあり、継母モノや実話もありで、鈴木先生があのような剣幕で怒った意味が今でも分からない。なぜあの時、鈴木先生はあのような行動に出たのか。ヤッサンはとても傷ついたのではないだろうか。ヤッサンの痛い気持ちを察した私は、あわてて教室を出て二階の窓から放り投げられた特大判小説ジュニアを拾いに行った。風に舞ったのかビリビリに裂かれたページの切れ端も拾い集めた。この時のことを思い出すと未だにヤッサンの涙が目に浮かぶ。

私はといえば、北村さんのような洋楽や洋画よりも、やっぱりお姫様の絵の延長はファッションの情報であった。特に今でもはっきりと脳裏に浮かぶ写真は、黄色いミリタリーのパンタロンスーツを着たモデルさんと白いミニワンピースに白いブーツを履いていたモデルさんのグラビア写真である。一九六〇年代ファッションの山吹色に近い「カナリア・イエロー」。今でも時々、視線を捉えるこの色の洋服を見つけると、吸い寄せられるように郷愁も手伝ってついつい買ってしまう。

「女学生の友」の附録のファッションページ・黄色のミリタリースーツとミニワンピース

昭和四十年（一九六五年）

冬の頃の「女学生の友」の附録に当時の私が衝撃を受けたファッションがこんな感じである。白いローウエストのミニドレス。靴は真っ白なブーツだった。もう一方は、黄色のミリタリージャケットとパンタロンのスーツだ。ヘルメットのような白いフェルトの耳まですっぽり覆い隠しあごのところにベルトを回して片一方の耳の下で大きなポイントのボタン止めになった帽子と大きなバックルがアクセントになった白いエナメルの靴。この時受けた衝撃的な印象がずっと頭に残っていたのか、やがて大学生になってから、この色と同じ黄色のパンタロンスーツを見つけてアルバイト代をはたいて購入することになる。ただ、それはミリタリージャケッ

記憶が鮮明な「女友《じょとも》」のファッションページ

トではなくサファリジャケットだったが。

五十年を経て、私のファッション感覚を形作ってきたものは、まさに六十年代のフォルムと色だと思う。六十なかばになった今でも、この時のカナリア・イエローの春秋のジャケットや夏の麻のジャケットが愛用品としてワードローブに並ぶ。モデルさんのファッション写真の手や足のフォルムも、当時ずいぶん真似をして描いていたものだった。この頃の私の絵の先生は「女学生の友」の中にたくさんいた。

「着ていたもの」の記憶がほとんどない中学生の頃

昭和四十年～昭和四十二年（一九六五年～一九六七年）

中学生の頃の洋服の記憶は、なぜかほとんどない。そんなことより、他に考えることがとても多くなってきた時期だったのだ。反抗期でもあったのだろう。母を口うるさいと感じ、母のいうことに言葉を返すよりも、だんだんに内省し、机に向かっては何やら書いていたように思う。

ちょうど、兵庫県の高校入試制度がそれまでと大きく変わるということが現実になってきた頃でもあった。それはそれまでのたった一回の受験テストの結果ではなく、中学生時代の内申点や思考力テストを実施するという「兵庫方式」と呼ばれるもので、その初めての学年になったのだ。どのようなテスト方式なのかは、誰も分からなかったが、文章力をつけておかなければならないというような情報はあった。そんなことから担任の鈴木先生は、私たちに毎日日記のようなものを課せていた。そういった日々の背景があったことと元来、書くことが好きだったこともあり、本を読み、文章をよく書いた三年間だったと言える。その頃のノートを探せばあるかもしれないが、主に母との価値観の相違や社会との価値観の相違、戦争や差別に対する思いなどにいつも心が向いていた。母の価値観の相違についても批判的な思いを募らせながらも、今後自分が独自の価値観で生きていくためには覚悟がいるという心の揺れがいつもあった。

生徒会書記に立候補したのは一年生の時で、会長に次ぐ次点で当選した。当時三年生だった兄と兄の友だちに煽《あお》られて立候補したのだが、公約を何にしたのか覚えていない。

当時の神戸市立丸山中学校は、マンモス中学だった。兄の学年は十八クラスもあり、その二学年下の私の学年でも十五クラスあった。一学年上や二学年上の兄の学年は、なかなかすごい学年で一部の生徒によるものだが卒業式の日は校舎の窓ガラスを割って卒業するという慣例があった。その他にも校舎の放火事件やソフトボール部のリンチ事件など話題の多い中学校だった。そのような頃に生徒会役員をしていたことは、今考えても後の私を形作る大きな意味があったと思う。中学二年生いっぱい生徒会書記を務めあげ、中学三年生は厚生委員長をしていた。定期的に朝礼台に上がって何か情報発信していた記憶はあるが何を言っていたのか覚えていない。朝礼台に上がって観衆の前で話す訓練となったのもこの頃ではないだろうか。

中学校時代はとにかく委員会活動に明け暮れ、学校内の問題などにも真剣に悩み、議論した。神戸市内の中学校の生徒会役員ばかりが六甲山で集まるリーダーシップキャンプにも参加した。人との意見の異なりや、皆を楽しくまとめるコツのようなもの、自身の立ち位置の自覚など、この一泊二日のキャンプで大いに刺激を受けた。それまでの私とは違い、社会性が芽生えた時ではなかったか。

ピンクと紺色のストライプのワンピース　昭和四十年（一九六五年）

母と歩いて買い物に出るという習慣は中学生の時まで続いていた。そもそも私の小さい頃は、台所に母が立っている時でも、一人で遊ばずに母のスカートをずっと掴んでいたし、母がトイレに行っても追いかけていた。母に「邪魔になるから離して」と言われても「どこにも行かない？」としつこく聞いていた。置いてきぼりにあったことがあったのだろうか。とにかく母がいなくなることがとても不安な子どもだった。後に久徳重盛著『母原病―母親が原因でふえる子どもの異常』（サンマーク出版）が出版された。母源病は母親の育児姿勢が子どもの不調を誘発させることがあると精神医学の観点から書かれた内容だ。この本が我が家の本棚にもあったことを思えば、母自身が、そのことについて問題意識を持っていたと考えられる。

私は小学校三年生頃から六年生頃まで、一年に一、二度のペースで「自家中毒」にかかっていた。これは姉もそうだったらしいが、私もバナナやサンドイッチが無性に食べたくなると決まって熱を出し、嘔吐していた。兆候はアセトン臭のあるゲップで、私が「おりんごのにおい」というと、母は慌てることなく落ち着いて、「また、あれね」と言っていた。二日ほどでけろりと良くなるのだが、そのうち自分でもバナナやサンドイッチが無性に食べたくなると嫌な予感がするようになった。自己暗示もあったのかもしれない。母からは神経質な子だと言われていたが、姉や兄も神経質な子だったに違いない。

近所の市場や商店街にくっついて母と出か

ディテールも柄も60年代が匂うワンピース

けることは、わりに当たり前のことだった。前のようにはあまりしゃべらなくなった中学生の私と一緒に買い物に出ることは母にとってても不安感を解消するひとときだったのかもしれない。そんな時に近所に出来たコープストアで買ってもらったのがこのワンピースだ。絵で再現するとまさに六十年代のデザインで、ウエストに共布のベルトと白いプラスチックのバックルがついていた。買ってもらった時のことは覚えていないのだが、後に母が紺色の色違いも買ってきた。コットンとポリエステルの混紡素材のサッカー地はアイロン要らずで洗濯が楽だったのかもしれない。

グリーンチェックのモンキースカート

昭和四十年（一九六五年）

とにかくこの服はお気に入りだった。「女学生の友」に載っている可愛いモデルさんになった気分になったからだ。グリーンというより「緑色」の一センチ角くらいの大きなチェックで、「モンキースカート」と

色も柄も60年代ツィギーを思わせるジャンスカ

いう何とも可愛らしい名前が付いていた。この名前は、スカート部分からサスペンダーがせり上がっていて、まるでモンキーが両手を大きく上に伸ばして枝を掴《つか》んでいる姿のようだからしい。塾にもよく着て行った。大きな尾錠のディテールや大胆なカッティング、そして、どちらかといえば何のニュアンスもない「真緑色」の大きなチェック。一九六〇年代の香りがプンプンする。

チェックのスカートと紺色のサマーセーター　昭和四十一年（一九六六年）

中学二年生と三年生の担任は鈴木寛先生だった。二年生の五月に鈴木先生はクラスの何人かを自分の運転する車に乗せて、京都の葵祭に連れて行ってくれた。この時のメンバーはあまり覚えていない。葵祭の行列はさぞ美しかったろうと思うが、これも残念なことに覚えていない。ただ、行列を見るための沿道に咲いていた見事なつつじの花の強いピンクだけが脳裏に焼き付いている。

この葵祭に着て行った洋服が、紺色のサマーセーターとグレーにピンクとブルーのラインが入ったグレンチェックのひだスカートだ。サマーセーターは襟刳りの周りに母が花の刺繍を入れたもので、スカートも母が仕立てたものだ。

沿道のピンクつつじが鮮やかな５月の京都葵祭

私が中学生の頃は、まだ世の中にTシャツというアイテムは一般的ではなく、下着のイメージが強かった。私は小学校六年生くらいの時にTシャツの初体験をするが、それはアウターではなく「色付きのインナー」という感覚で夏休みの普段着だった。

今の時代からすると、夏の洋服にTシャツがないことは考えられないが、当時の男の子の夏休みは下着のランニングシャツで過ごしていたし、女の子はサッカー地のシャツやワンピースが一般的だった。Tシャツをアウターとして着た最初の記憶はそれからまだ少し先のことだ。

ブルーのセーターと赤いスカート　昭和四十二年（一九六七年）

兄も通っていた学習塾に中学校から通っていた。その頃の学習塾は今のような大手などなく、母が地域の口コミで見つけてきたのだ。制服を脱いで、夕方から夜にかけて、英語や数学を教わっていた。比較的勉強ができる子たちばかりが通っていたので、学校よりも緊張感があった。私は近所の幼馴染の路ちゃんと通っていた。クラスで一番勉強のできる小無君も同じ塾だった。

その日も近所の路ちゃんを誘って塾に行こうとしたら、「先に行って」と言われた。路ちゃんの家からしばらく歩くと、川の橋を超えて真っすぐ見渡せる広い道だ。それは川の橋辺りですり鉢状に下り、橋からまた坂道を登ったところにある塾までの十分ほどの道だ。「先に行って」と言われた私は、路ちゃんが、すぐに追いかけてくるだろうと、何度も何度も後ろを振り返りながら歩いた。塾の始まる時間が迫っていたので、振り返っては小走りに、また振り返っては小走りに塾に向かっていた。昔のことなので、道路以外には車もいないし、ヒトもあまりいない。まだ明るい夕方だったが、向こうの方からおじさんが大声で怒鳴りながら走ってきた。最初は私を追いかけているとは思わなかったので、相変わらず「みっちゃん、来ないかな」と後ろを振り向きながら小走りに塾に向かっていた。おじさんが私の後ろ三十メートルほどまで近づいてきた時に、やっと私は「追いかけられている」ことに気付いた。怖かった。声をあげようにも住宅地で誰もいない。ほんのり薄暗くなっていた。とっさに私は知らない家の戸をガラガラと開けて「ただいまー」と大声で叫んで入った。

　知らない家の玄関の外でおじさんが大声でどなっていた。私は玄関に出てきたその家の人に「怖いおじさんに追いかけられているから助けてください」と言った。その家の人は驚いて「あ

カンナ色のボックスプリーツスカート

ぶない、あぶない、ここにしばらくいなさい」と言ってくれた。その後外の気配がしなくなるまでしばらく、知らない家の玄関先で待っていた。あの後曲がればすぐに塾の入り口だったので、その家のおばさんがついて行ってくれたのか、自分一人で塾までたどり着いたのか。塾の先生が「怖い思いをしたねぇ」と心配そうに言ってくれた時、震えが出始めた。あのとっさの判断は、どこから降りてきたのだろうと今でも思う。その時に来ていた洋服が、水色のサマーセーターと朱赤のストレッチ素材のスカートだ。小さい頃に庭先に咲いていたあの燃えるようなカンナの色だった。スカートは一九七〇年代によくあったヨーク付きで左右ボックスプリーツ、切替部分には見せかけのフラップとボタンが付いていた。水色と燃えるようなカンナの赤は、それまで私が思いつかない配色だったが、意外と新鮮で、その頃はお気に入りのコーディネートだった。

路ちゃんは、その日はとうとう塾に来なかった。

中学校の担任だった鈴木先生のこと　昭和四十二年（一九六七年）

鈴木先生は二年生と三年生の持ち上がり担任だった。私の成績は同学年七二十人程の中で、いつも二十番から三十番以内だった。前後の順位の顔ぶれが変わっても、あたかも定位置だといわんばかりに自分の座を守っているかのようだった。それまで一桁順位になったこともなかったし、そもそも成績に対する欲もなかった。ところがこの若い鈴木先生は「やれるのにやらない」と私の成績に不満を持っていたと思われ、マイペースな「まちこ」を可愛がってくれたものの、何とかしたいと思ってくれていたようだった。

三年生の春の日、終わりのホームルームの時だった。「今から名前を呼ぶものはあとで音楽室に来なさい」と四人程の名前が呼ばれ、私はその中に入っていた。何だろうと思って行ってみると先生はピアノに向かって「ポロローン」と鍵盤を動かしながら、「ここに呼んだ君らは、成績は良いが、もっとできるのにやらない力の出し惜しみをしている人たちだ。先日、実施した知能テストの成績一四十以上の人を呼んだが、中でも特にヤマシタ、お前は最高成績で一四一、最優ランクの成績なのにどうだ、学年順位が不振だ」というようなことを言われた。みんな、褒められているのか怒られているのか分からないポカンとした気分だったが、どうやら、私は学習不振児とのことだった。そのあと、四人は鈴木先生からさんざん発破をかけられて解散になったのだが、それ以降、定席の「三十番まちこ」は、二十番を切り、最後の半年は学年で十番を切り、クラスで一番頭のよかった小無君を抜いて学年で四番まで上りつめたのだった。この時の私は、先生に言われたので「そうなのかな」と思って頑張ったのだろう。大胆なくせに小心で神経質な私は、それなりのプレッシャーもあったのだろう。が、「それがどうした」という気持ちの方が強かったような気がする。もちろんそれはそれで達成感や喜びはあった。決してサボりたいわけじゃないが、「頑張らされる」ことや誰かの指図通りに動くことが、とても面倒くさかった。大胆なくせに小心で神経質な私は、それを宣言する度胸などこにもなかった。

もし、成績が上りつめた喜びややりがい、数字で表される順位に興味を示す少女であったなら、今頃もっと偉くなっていただろうと思う。つまり、この頃からすでに数字で表される評価にも成果にも興味がない少女だった。

アタシ、高校生になる

昭和四十三年（一九六八年）

まるでお守りのように「黒」を
身にまとっていた高２のアタシ

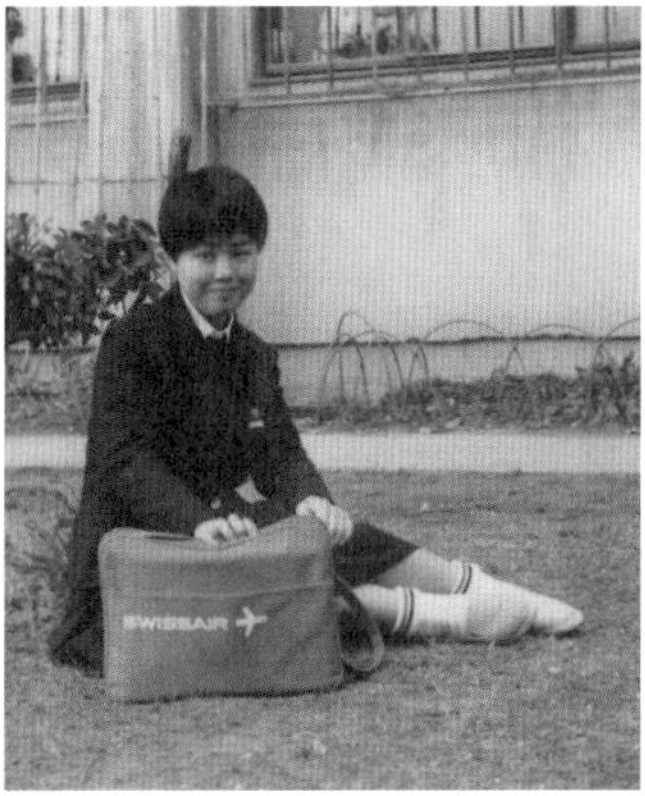

校内で流行になった航空バッグ
（県立兵庫高校中庭で）

靴　二足　昭和四十三年〜昭和四十四年（一九六八年〜一九六九年）

晴れて高校生になった。初めての「兵庫方式」の高校受験は、確かに思考力を問う問題ばかりで、文系と理系の出題だった。文系はA市とB市の人口の問題から数学の集合を持ち出して考える問題だったと記憶する。理系はシリンダーの絵が出てきて、何かの実験結果から、記述式で何かを解析して説明するような問題だった。私の住んでいたところは、神戸市の第二学区で、受験した高校は学区の中では最もレベルが高いとされていた県立高校だ。受験生は第二学区の十校以上の中学から来ていた。受験生は中学校の先生から予《あらかじ》め薦められてきた生徒たちで、ほとんどは受かったのではなかったか。だけれども、合格発表の日はドキドキで校舎正面の時計のところに張り出された模造紙の中に受験番号を見つけたときは「もう何が起こっても良い」と思ったものだった。

第一学区の県立神戸高校とは古くから春と秋の二回「定期戦」と呼ばれる行事があった。これは旧制神戸一中と神戸二中の頃からの伝統だ。神戸高校の生徒は何となく兵庫高校の生徒に比べてスマートに見えた。決定的に違っていたのは女子の制服だ。女子の制服はセーラー服で憧れたものだ。県立兵庫高校の制服は春から秋は紺色のプリーツスカートとベストでベストはスカートの中にインしてベルトをするというスタイルだった。そして冬は紺色のブレザーをその上から着用する。今では標準服となっているが、これは私たちの学年が規則を改革した所以である。兵庫高校の生徒手帳に書いてある校則は当時もそれほど厳しいものではなく、靴も「学生らしい短革靴」と書かれている程度だった。もともと昔は男子の旧制中学である神戸二中と県立第四高等女学校が合併してできた新制高校で、受験校であったこともあり、制服違反をするような生徒もいなかった。

母が入学式までに私に用意してくれた革靴はサイドゴアの茶色のスリッポンタイプのものだった。その頃の女子学生のほとんどは黒いコインローファーシューズだったが、母は茶色のサイドゴアの靴を「これがいい」と選んだのだった。そういえば、中学の時も皆とは異なる制服で、制服の夏スカートは濃紺の二センチ程度の細いプリーツスカートだったが、姉も私も黒のウールサージでわざわざあつらえたものでプリーツ幅が三センチもあった。子どもは誰でも、ヒトと同じものを好むのに、我が家では母がいささか紛らわしい校則違反的なことを率先していたフシがあったのだ。学校から注意されたことは一度もなかったことからすれば、母はずいぶん知能犯である。

茶色のサイドゴアの革靴は、少し赤みの茶で母は毎朝、黒い靴墨を塗って磨いてくれていた。「先生から何か言われたら、黒に近い焦茶です、と言うのよ。ほら、日ごといい色になっていく」

などと言っていた。確かに生徒手帳には「学生らしい短革靴」とだけ書かれていたので問題はなかったようだ。

　それからというもの、この「茶色の革靴を履いた山下真知子」は本人が知らないところで噂になっていたらしく、これがきっかけで、皆、当たり前に茶色の靴を履くようになっていった。

　二足目の革靴もまた、赤茶色の革靴だった。私は大学を卒業して東京で仕事を始めるまで、実家暮らしの間は何を買うにも身に付けるものはすべて母親の検閲があり、好きなものを好きなように選んで買おうものなら、それを着るたびに嫌味な言葉をかけられた。もっとも、高校生の頃は、自分の意志で買ったものはほとんどない。一度だけ、友達と初めてのジーンズを買いに行ったことがある。耳が長く垂れさがったコッカースパニエル犬がキャラクターマークのキャントンのジーンズだ。高校で仲良しになった三恵ちゃんは流行に敏感だった。キャントンのジーンズは、それまで輸入品が一般的だったGパン（当時はそう呼ばれていた）がヒットし始めたことに着目した国内メーカーが日本人の体形に合ったジーンズをと売り出した日本初の国産ジーンズだ。そのキャントンジーンズを買おう、というこ

学校でトレンドを巻き起こした
ニーソックスと茶色の革靴

となり三恵ちゃんと三宮まで買いに行ったのだった。母はこれだけは許してくれた。

さてこの二足目の靴も母のお墨つきの靴である。がっしりした決して華奢ではないフォルムだ。靴のアッパーの部分の周りに切り替えがあり縫いとりがあった。その脇に靴のベロを止めてホールドする役目のベルトが付いていていた。母の好みの靴たちであるが、私は五十年たった今でも、同じような靴を思わず手に取ってしまう。靴のデザインとはその家の文化の象徴なのかもしれない。

トリコロールのニーソックス　昭和四十三年（一九六八年）

靴といえばソックスだ。このソックスも高校内で一大ブームを巻き起こしたのだった。当時の女子高生は白いソックスを三つ折りにして履くというのが一般的だった。「不良」と言われる子や運動部の女子などはこの三つ折りをくるぶしまで見えるように折っていた。足が少しでも長く、ふくらはぎと足首の太さのギャップを強調することで、何かかっこよい感じがしていたのかもしれない。私の足は電信柱みたいな太い足だったこともあるが、これらの流行の履き方は何か

がっしりフォルムの通学靴

しっくりこず、あまり格好いいと思えなかった。そんな時、近所のコープストアで、足口がトリコロールの生成りのソックスを見つけ、二足ほど買ってもらった。茶色の靴と折り返さないトリコロールのニーソックスは瞬く間に学校中のひそかなトレンドとなったのだった。

スイスエアーの航空バッグ　昭和四十三年（一九六八年）

靴とソックスに続いてもう一つだけ、学校で流行らせたものがある。それは通学カバンとしての航空バッグだ。そもそもこれは、父がお土産で持って帰ってきたパンアメリカンの白い航空バッグを同じ高校に通っていた兄が通学カバンとして使い始めたのがきっかけだった。形は真四角より少し縦に長い四角形でマチが六センチほどのショルダーバッグである。兄が持っている航空バッグはあまり好きなデザインではなかったが、私も他の航空会社のバッグにどんなものがあるのか興味津々だった。

ある日、私は兄と航空バッグばかり扱っているかばん屋さんに行った。その中で、最も気に入ったカバンがスイスエアーのショルダーバッグだった。このバッグは横長で、外ポケットも付いており、何といっても紺色の制服にぴったりのグレィッシュなブルーだったのだ。

母は兄に対してはきっと何かと一目置いていたのだろう。男の子一人だということもあり、兄は姉よりも私よりも特別に大事にされていた。彼が好む音楽も話すことも母はとても好意的なまなざしで見守っていた。兄とカバンを買いに行くと出かけるときも、スイスエアーの航空バッグを買って帰った時も、母は何も言わなかった。兄が一緒に付いて行ったからだと思う。兄が高校三年生、私が高校一年生の頃である。

二年生になって、高校では紛争が起こり始めていた。私の高校は「受験校」といわれるような頭のいい人たちが集まっていた高校で、当時の東京大学や京都大学などにとどまらず、日本中、次々に勃発する大学紛争や学生運動の活動家などとつながって、勉強会に参加している人たちもいた。大学の紛争ウェーブは高校にも及び、にわかに校内が騒がしくなってきたのだった。

発端は一年生の時同じクラスだった男子が、「頭髪の自由化」と「制服の自由化」そして「受験体制打破」という三本柱を打ち立てたことだった。この三本柱は、旧制中学の名門伝統校としては大きな変革だった。男子は丸刈りで詰襟の学生服だったから、女子たちにしてみれば「分かる気がする」と思う程度で最初は傍観者的なスタンスだった。同じような頃だと思うが、上

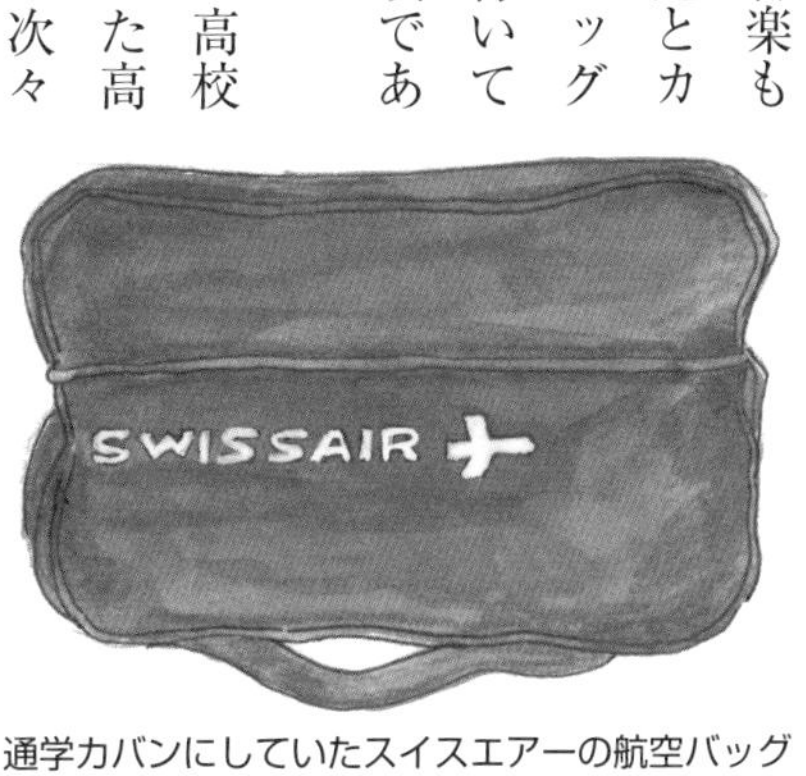

通学カバンにしていたスイスエアーの航空バッグ

級生の男子学生が、ある体育教官から「何という格好してるか！　まるで与太者みたいやないか！」と罵声を浴びせられ、その男子生徒の態度や服装を廊下で咎《とが》めるできごとがあった。このところ、あちこちで問題になっている体育の指導者は、軍隊の訓練のようなノリの先生が多かった。この体育教官が発したその「与太者」が、いけなかった。その生徒が「俺がその与太者や、何か文句あるのか！」と言い返したことが発端とも言われていた。先の「頭髪の自由化」と「制服の自由化」そして「受験体制打破」にとどまらず、瞬く間に反戦、在日韓国人・在日中国人への差別の問題、部落解放問題にまで発展していった。二年生の夏頃から授業が中断しては生徒による全校集会が実施され、今で思うと教員組織も教員機能もマヒしていたのではなかっただろうか。

そんな周りも学校も落ち着きを欠いていた頃、私もまた進路で悩んでいた。学内紛争中の学校は、しょっちゅうホームルームで話し合いが行われていた。クラスの中もまた、改革派と穏健派と無関心派に分かれていた。「欺瞞だ」や「理論武装するな」や「自己批判」、「ナンセンス」、「日和るな」、「問題意識」など、学生運動の用語が飛び交っていた。私はとにかく「差別はいけない」という思いがあるだけで、難しいことは分からなかった。ホームルームが済んでも、薄暗くなる夕方まで下校しない何人かが教室に残っては、「問題意識」の輪を作っていた。

私も必ずその中にいた。私の二年生のクラスは理系のクラスで三分の二が男子だったこともあり、高校の「質実剛健」を地で行くようなクラスの雰囲気は、改革派の問題意識が優勢だと私は感じていた。自らも「自己批判」に悶々としていた若い男の担任の姿勢が影響していたのかもしれない。そんな皆が同様にうまく言葉にできない思いを抱えた中で、私は、時間があれば散文詩とイラストを描いていた。言葉にならない思いを別の形で言葉にしていたのだと思う。

高校一年生の時の父兄懇談で母が私に持って帰ってきた言葉。「これからの女性は自立して仕事を持つべきだ」というきっかけがあって、私は薬剤師になるべく理系クラスに進んできたのだったが、混沌とした学生生活に身を置いて、ますます「文系」それも絵と詩に心が大きく傾いていった。絵や詩に何らかの形で関わる仕事に就きたいと考え始めていた。その頃の私の絵の先生は、イラストレーターの水森亜土さんで、水森亜土さん風の絵を描いては、自作の詩と共にお誕生日カードにして友達にプレゼントする女子高生だった。学校内は荒れていたが、受験生である身の上は変わることなく、無関心派も三分の一くらいはいたせいで、受験勉強も怠ることなく、淡々粛々と日が過ぎていった。後の同窓会でおじさんになった男子たちは「あのころ、本当に賢いヤツは、無関心派ではなく問題意識を持ちながら、かといって熱くもならず着々と受験勉強をやっていたなぁ」と言っていた。

私は、薬剤師を目指して受験勉強をすることに意味を見いだせなくなり、アーティストになりたい、イラストレーターになりたい、芸術大学に行きたい、という思いが日ごと強くなり、どうやって親に言うか、切りだせばいいか、と悩んでいた。環境がそうさせたか、無意識にも心の中を反映したのか、着るモノは黒を好んで着るようになり、ブラックジーンズが私の定番服になった。

花柄のスニーカー　昭和四十四年（一九六九年）

ある日、いつものように、学校から帰って母の買い物に付いていった。商店街の中の靴屋さんの前を通りすがった時に目に飛び込んできたのが花柄プリントのスニーカーだ。母も同時に目を奪われていたのかもしれない。黒地に細かいカラフルな花のプリント地のスニーカーは月星ゴムの製品だった。その場で、母と意見が一致し、買ってもらった靴だ。

月星ゴムの小花プリントスニーカー

モチーフつなぎの黒カーディガン　昭和四十四年（一九六九年）

ブラックジーンズの上は黒のタートルセーターと前身頃がカラフルなモチーフニットをつな

げたカーディガンだ。これは制服の下にもいつも着ていた。母の手作りだ。ほぼ毎日学校でも家でもこればかり着ていたような記憶しかない。

赤レンガ色のセーターとブラックジーンズ

昭和四十五年（一九七〇年）

大阪万博が開催されていた夏休みに男子三人、女子三人の仲良し六人で大阪万博に行った。一緒に行った女子の石田サンは紺地に細かい水玉の女の子らしいワンピースを着ていた。私は母が好きな渋い朱色のようなハイネックのサマーセーターと相変わらずのブラックジーンズだった。万博のパビリオンの記憶はない。誰かが四人組アイドルの「フォーリーブスが来ているらしい」と言い、私たちも人の波に乗って移動した。当時は沢田研二のタイガース、堺正章のスパイダースなどグループサウンズ全盛期に差し掛かろうとしていた頃だ。中でもジャニーズの次に出てきたフォーリーブスは女子高生のファンが多かった。白いオープンカーに乗ったフォーリーブスの男の子たちが手を振っていた。アイドルの草分け

母の手編みモチーフつなぎのカーディガン

だった。「フォーリーブス」を実際に見た感想は「普通の男の子じゃん」だった。それよりも見物の女の子たちの群衆が、オープンカーと一緒に走って移動し始めたことに驚いた。大阪万博といえば石田さんの水玉のワンピースと「フォーリーブスを見た」ことしか覚えていない。

1970 年大阪万国博覧会の石田さんとアタシ

アタシ、女子大生になる

昭和四十六年（一九七一年）

大学で「教育学」を学びながら
デザインの仕事を始めた２年生

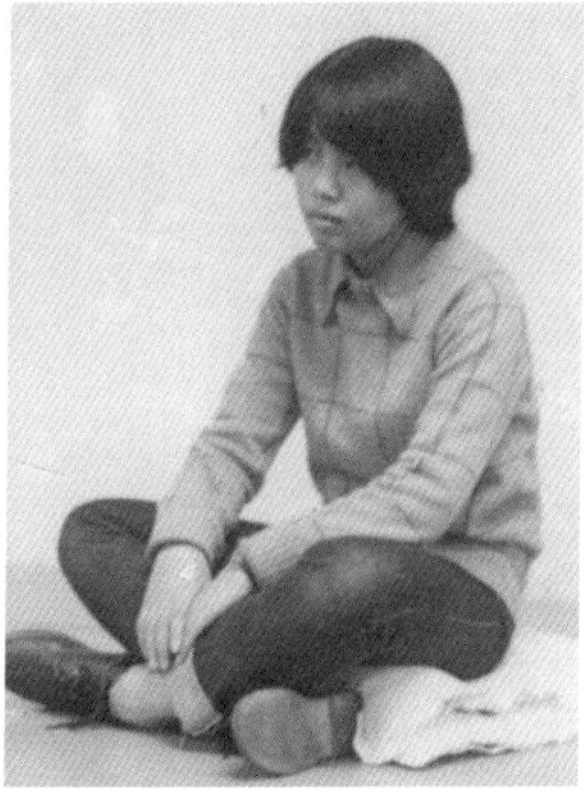

油絵教室で人物モデルをした１年生

女子大学一年生の頃　アンアンファッション洗礼時代　昭和四十六年（一九七一年）

高校二年生の時に「週刊セブンティーン」が創刊され、おシャレでおませだった友人たちと一緒に昼休みなどによくページを繰っていた。この雑誌の内容は、ファッション・漫画・芸能などで、ファッションページも「可愛らしい女子高生」といったもので、当時の私の感覚からすれば保守的で、あまり惹かれるものはなく、さほど強い興味はなかった。その後、高校三年生になって平凡社から創刊された「アンアン」はファッション雑誌で、それまでの女子高生や女子大生向けの雑誌ではとりあげないような、新しい情報で溢れていた。フランスの雑誌「エル」との提携雑誌としてスタートしたことから、特にパリの話題に事欠かなかったし、表紙のモデルも中に出てくるモデルも外人やハーフを起用するなど、今思えばずいぶんラジカルなファッション雑誌であった。ファッションページはいつもデザイナーの新しい挑戦がグラビア用に企画されており、私はこの雑誌の頁作りの「企画・発想」に衝撃を受けていた。

ファッションとは「自身のオリジナリティーでありアイデンティティーである」という考え方は、思えば母から学んだファッション哲学ともいえるもので、母の好むスタイルには母自身が歩んできた人生と文化がプンプン匂っていた。母と私のアイデンティティーが異なるように、自己アイデンティティーを意識し始めた丁度その年ごろに、「アンアン」は私に、「クリエイティブになれ、自分は自分で創るもの」というようなメッセージを与え続けてくれていたように思う。「アンアン」のファッション提案はとにかく、「自由」と「可能性」の刺激で満ち溢れていた。

私は、中学生の頃から少しずつ「母から距離を置く」反抗期のような時期に入った。あれほど母に付きまとい、対話し、くっつき離れなかった母に「窮屈さ」のようなものを感じ始めていたのだった。高校生の頃、母が市場に行くときに「まちこ、行くよ」と玄関で声をかけても、私はだんだんに付いて行かなくなっていた。母はくっつき虫の末っ子が徐々に距離を置こうとしている実感をどのように受け止めていたのだろう。

私は「アンアン」と出会い、勿論「アンアン」だけではないが、さまざまな出会いの中で選び取り、掬い取ろうとしたものと引き換えに「母への執着」を指の間からこぼしていったのだろう。

芸術大学に行きたかった私と「絵なんか描いてどうするの」とけんもほろろに反対の姿勢を貫く母。その母に対する私の認識は、「この人にはもう理解を求めまい」という捨て身の諦《あきら》めがあった。高校三年生の頃だ。その諦めが引き金となり、自立に向かうエネルギーを奮い立たせたのだった。高校生の頃、黒い色の洋服ばかりを着ていた私は、きっと暗闇の中で光を求めて彷徨っていたのだ。私に光の道の方向を示してくれたきっかけのひとつが「アンアン」の自

衝撃だったファッション雑誌「アンアン」の記憶に残るグラビアファッション

由なファッショングラビア写真だった。

別珍（ベッチン）のピンクジーンズ　昭和四十六年（一九七一年）

「アンアン」の雑誌で刺激を受けた情報や写真はいろいろあるが、最も鮮明な記憶が、ピンクの別珍のベルボトムのジーンズだ。これは、冒頭の見開きページいっぱいに、外人やハーフのモデルが横一列に腕を組んで、都会の街中を楽しそうに闊歩しているような構図だった。並んだモデルのファッションは、ピタッとしたシャツの上にパフスリーブのカラフルな丈の短いニットを重ね着し、前ポケットがパッチポケットになったパンツといった同じパターンのコーディネート。五人のモデルのパンツの色が一列に並び、まるで色鉛筆ケースを開けたようだった。着ている五人五様のカラーコーディネートは、実にカラフルで見ているだけで楽しくなるような演出だった。中でも私はピンクの別珍のパンツに黄緑色のシャツ、白にオレンジや黄色のマルチボーダー柄の丈の短いニットセーター、ベルボトムのジーンズを織り上げた下から見えるオレンジ色と白のシマシマのソックス、赤い編み上げのプラットフォーム底のブーツのモデルのファッションに目を奪われたのだ。それらは、これまで何となく自分の感覚としてあった「配色」の常識を真っ向から覆すもので、何か日本ではない、ヨーロッパのパリの自由闊達な空気感をイメージし、武者震いするほど衝撃を受けた。

ピンクの別珍のベルボトムジーンズは、探しても神戸では見つからなかったが、同じピンクのキャンバス地のベルボトムのジーンズを見つけた私は、この衝撃だったグラビア写真のファッションを真似て着ていた。

スモックとチューリップハット　昭和四十六年（一九七一年）

私の通っていた武庫川女子大学は担任制が敷かれていて、クラスは六十四人だが、二百四十人の学年全員で講義を受講することも多かった。大講義室は階段状に席が配置されたすり鉢型の教室が多かった。私は、大学での自分と大学から解放された自分の生活スタイルを分けていたので、友人との付き合い方は大学だけで、大学の友人たちと外で食事をしたり遊びに出かけたりすることは全くなかった。尤も、教育を学ぶ当時の大学生は、友人たちと外で食事をしたり遊びに出かけたりすることはほとんどないような地味で真面目な学生ばかりで、アルバイトよりも大学を出ればボランティア活動をさまざまにしていたようだった。例えば人形劇団や子どもたちの支援活動のようなものに勤しんでいる人が多かった。私にはさまざまなネットワークの友人がいて、大教室に入ると、あっちからこっちから「まち、こっちに席とってるよ」と声をかけられていた。席をとってくれている仲間たちにはありがたく日替わりで座らせてもらっていた。女子たちの中では私はおそらく一風変わった存在だったのではなかったか。女子たちは大グループ、小グループといつも固まっていたが、私はその頃からそういう関係性が得意ではなかった。誰とでも分け隔てなく付き合うし、だからといってどのグループの一員にもあまり属さず、自分のことを話すより相手の話の聞き役であることが多かった。思いを寄せている男の子の悩みや漫画の話、ファッションの話、運転免許の話、旅行の話など口々に他愛ない話を延々と楽しそうにする仲間たちを見て「可愛いなぁ」と冷めた目で見ていた気がする。私は女子大学の中でちょっとした「男役」的な存在だったのかもしれない。そんな私でも一度くらい女子大生らしいことも経験しておこうと、一番仲良しだった悦ちゃんと旅行に行くことになった。

二泊三日の秋の信州だ。その時のために洋裁を習っていた姉に頼んで作って貰ったのが、このスモックだ。素材はジャガード地にボタニカルフラワーの起毛プリントがされており、色はこともあろうに、たびたび登場するグレィッシュな「緑」と黒のコントラストである。ピンクのキャンバス地のベルボトムのジーンズの裾を折り上げて、シマシマのハイソックスを覗かせ、レスリングブーツを履き、黒と茶色のリバーシブルのチューリップハットを被る。カバンは神

「アンアン」はアタシのファッション教則本だった

戸元町にあった米軍払い下げ品を扱う「佐藤ブラザーズ」で買ったカーキ色の「USアーミー」のキャンバスカバンだ。そんな出で立ちだった。こうして辿ってみると、私のここまで二十年間のライフスタイルの中にいかに頻繁に登場し、存在感を不動にしてきた「緑色」。あの囃《はや》されてイヤだった「おっとこのカバン」の色なのだ。

レスリングブーツ　昭和四十六年（一九七一年）

アンアンに載っていたページを「これ見て、あれ見て」と母にも見せていたのかもしれない。どうしてもブーツが欲しくて、母と三宮まで買い物に出ることになった。私はあの編み上げのプラットフォーム底の靴のイメージがあったが、母はきっと違うことを考えていたに違いない。母と買い物に行くということは、勿論、母の好み、文化、美意識、価値観の眼鏡にかなうことが第一条件だが、母自身ももしかしたら、アンアンの衝撃を受けていたのかもしれない。母は、自身のこだわりは強かったが、時代の価値観に対しては寛大で、ファッションでも音楽でも兄や私の感性を理解しようとしてくれていたように思う。彼女にとって子どもが発信する情報こそが、自身と社会とのパイプであるかのように感じ取っていたのではなかったか。何しろ自ら子どもの制服をどこかしら、ヒトとは違うものにすり替えていた母だ。自由な発想を肯定する考えを隠し持っていた筈である。良妻賢母という言葉に十分すぎるほどあてはまる私の母親像であったが、いつも何かしら新しい個性的なラジカルな発想が見え隠れしていたではないか。

　母と私は靴屋さんや百貨店の靴売り場を相当ハシゴしたが、お互いにピンとくるものにはなかなか出会うことができなかった。「あとは、ここだけを見て気に入ったモノがなければ今日は諦《あきら》めて帰ろう」とした時、あれは神戸大丸だったか神戸そごうだったか、ある商品の前で母と私の足が同時に止まったのだ。それが、このレスリングブーツだ。この靴は二人が同時に、同じくらい気に入って買ったものだ。母は見るたびに「この靴、ホントに好きだわ、いいわ」と言った。母もまた、「ファッションは自身のオリジナリティー、アイデンティティーである」という自身の哲学ともいえる確信に基づいて時代に乗ろうとしていたに違いない。母と末娘の間に見えない緊張の糸が張り詰めたような日々の中で、久しぶりに共感や絆のようなものを互いに実感したのだった。今は訊ねるすべなくも、もし生きていてこの時の話ができたなら母もまたこの靴を見つけたときのできごとを昨日のことのように話すと思う。ただ、きっとこうも言うだろう。「まちこみたいに理屈っぽく難しいことは、なぁん

今でも置いておけばよかった
レスリングブーツ

にも考えていなかったけどね」と。

そういえば、兄も時代の流行に敏感な男子大学生だった。音楽もそうであったし、着るモノもおシャレだった。母は兄にぞっこんだったので、そんな兄が持って帰ってくる空気を楽しみにしていたフシもある。私を取り巻く家庭環境は、そんな兄の恩恵を被ることになり、母が流行の物に目を奪われようとする私にも寛大になっていたのかもしれない。

私は全く覚えていないが、姉に聞くところによれば、ある時、兄は「時代物の男性用マント」を着て帰って来たらしい。それは表がチャコールグレーで裏がチェック柄のリバーシブルのロングマントだったという。兄は母から「頼むから家からそのマントは着て出て行かないで、家から遠く離れてから着て」と言っていたそうだ。兄はその後、ヨーロッパ一周を目標にヒッチハイクの旅にも出た。大阪で開催された万国博覧会ではチェコスロバキア館でウェイターの住み込みアルバイトという思い切った行動にも出た。小さい頃からきちんとした姉としっかり者の妹に挟まれて、「蛍光灯」と呼ばれていた兄。蛍光灯はスイッチを付けるヒモを引っ張ってもなかなか点かない。忘れたころにパッパパッパッと点く、あの蛍光灯だ。兄は何事にも反応が遅くて、ぼやっとしていた。その兄もまた、大学時代に母の懐から飛び出そうとしたのかもしれない。いや、家庭や子どもを顧みない「昭和の父親」からは何も学べないだろうと判断した母が、兄を父から離し、大海に放ち自ら学ぶ環境へと送り出そうとしたのだろう。

姉が言う。「二人とも、それぞれの形で飛び出ることができたのは、私が彼女のそばにいたからよ。私は二人から感謝してもらわないと」。

レトロなガンクラブチェックのテントラインコート　昭和四十六年（一九七一年）

このコートは兄が大阪の阪急ファイブの中にあった「ハーフ」というジーンズ屋さんで前ボタンの生成りのベルボトムジーンズを買うというので一緒にくっついて行った時に見つけたものだ。その時にやはり商品の方から私に近寄ってきたのがこのビンテージ感満載のガンクラブチェックのテントラインコートだ。このコートは当時高田賢三がパリコレクションで発表した「テントライン」で、胸の辺りから裾に向かってサーキュラーに広がっていた。丸い襟があり、袖山には少しギャザーがあった。肩は小さく、袖口は広い幅のダブルカフスだった。ポケットは斜めになったウエルトポケットで、丈はふくらはぎのやや下までのたっぷりした長さだった。何とも古着感が強くて新しいシロモノだった。大学は制服だったが、靴やコートだけは自由で、黒い古臭いスーツの制服をすっぽり覆い隠すのにも適していた。お店で一目見て、昭和初期のようなビンテージ感と高田賢三のパリコレの新しさに目を奪われた。ふと母の顔が浮かんだ。

「これは、ダメだろうな」と直感で思ったが、兄が「分からんけど、気に入っているなら買えば？」と言ったことと、時間が遅くなっていることが気がかりだったことで背中を押されて買うことにした。値段は覚えていないが、七、八千円ほどだった。帰って母に見せたらどんな風に言われるか心配で、帰り道ずっと兄が話しかける言葉も上の空だった。案の定、私の悪い予感は的中し、母は「何でこんな梳毛ウールの安物のコート買ってきたの！　汚い色だし」と批難した。母には昭和初期のビンテージ感だけが伝わったのだろう。嫌な戦争と戦後の闇市にならぶ衣類たちを彷彿とさせるものだったのかもしれない。そのコートに手を通すたびに、罪悪感を着ているような気がして、気分は盛り上がらなかったことを覚えている。いつしか、どこに行ったかそのコートはまるでなかったモノのように私のライフスタイルから消えていた。「母は強し」だ。

昭和初期ビンテージ感が新鮮だったテントラインコート

編み込みのベスト　昭和四十六年（一九七一年）

母が編物をする姿を小さい頃からずっとそばで見てきた。編物は、たった一本の線である糸が面になり、その面が「体」という立体を包む空間を作る。素晴らしい造形活動だ。私も門前の小僧で、編物がしたかった。中学生の頃にかぎ針編みでルームカバーを作るために母に毛糸を所望したが、母が出してきた毛糸は、たぶん小学校一年生の頃、着るのが嫌だったあの襟付き前明きカーディガンと同じ深い赤の染め直した毛糸だった。母は毛糸を宝のように思っていて、いつも「まちこにあげる毛糸はないの」という。じゃ、アルバイト代を費やして自分で買えばいいじゃないか、という発想。これは我が家では通用しなかった。そのような勝手な事をして母を怒らせたら、何も教えてくれなくなる。しつこくお願いしてやっと母は押入れからビニール袋に入った「どんなものになってもいい毛糸、まちこ用」と言って、私に与えてくれた。私は母からの信用がまるでなく、なんでも途中で放ってしまう、切り刻んでしまう、モノを大事にしないなど、ちゃらんぽらんな娘だと思われていた。よく言われた小言に「まちこは粗雑だから」ということがある。粗雑だ、ちゃらんぽらんだと言われて育つと本当にそういう人間だと自分で思い込んでしまうものだ。おかげで、私は人以上に丁寧にすることを心掛けたし、何事においても途中で無責任に投げ出さないよう努めなくては、という自戒をこめて生きてきた。

　さてこのビニール袋に入った毛糸は、昔のモノばかりで、それも捨てるような屑毛糸だった。種類もいろいろ、色もいろいろでまとまって大きな毛糸玉はやはり、どう見ても何度か染め直しただろうと思えるようなオールドローズのぼそぼその毛糸だった。母がそれらでまた何かを作るために置いていたものとは思えない。母が捨てられなかった思い出の塊たちのような毛糸の屑だった。「この量だと何が編める?」と聞くと、「ベストくらいかな」と母が言った。どんなベストにしようかと毛糸を見ているうちに、アイデアが浮かんだ。私は中でも一番大きな毛糸玉だったオールドローズのぼそぼその毛糸でベストの裾のゴム編みと、襟刳り、袖口を統一して、あとは、その場その場で編み込み模様にすることに決めた。そうやって出来上がったのがこのベストである。このベストが出来てから、母は私を見る目が格段に変わったようだ。「どんなもんだい」。それでも相変わらず毛糸はくれなかった。気に入って買って帰ったセーターも着るたびに母が嫌な顔をする。嫌な顔をされるのに耐

「どんなものになってもいい毛糸、まちこ用」
と母がくれた屑毛糸で編んだ編み込みベスト

えられず、とうとう着なくなっていた既製品のセーター。それをほどいては、新しいセーターを編んだりした。

星の王子さまバギーパンツ　昭和四十六年（一九七一年）

カーペンターズという兄妹のデュオがいた。確か二度目の来日の時のライブを兄とテレビで見ていた時だった。妹のカレンが歌いながらステージを動いている時、履いているベルボトムのジーンズに目が釘付けになってしまったのだ。カレンが動くたびに、人形劇のように膝のところで、一緒に動いているキャラクターは、あの「ラガディ・アンディ」ではないか。

私は当時、東京銀座三愛というアパレルメーカーと、雑貨のデザイン契約をスタートさせたばかりの頃で、このキャラクターの絵を時計の文字盤に描く仕事が入っていたのでよく知っていた。「ラガディ・アン&アンディ」は姉弟で、アメリカの国民的人気を誇る親しまれた絵本のキャラクターである。カレンの右足の膝から下にぶら下がっていたのは弟のアンディだった。私はそれを見て、「先にやられた！」と思った。アンディの手と足は、ジーンズ本体には縫い付けられておらず、カレンが動くたびにアンディの手と足はバタバタ動いていた。これはたぶんカレンのアイデアでカレン自身がアンディ人形をジーンズに付けたものだと思う。これに触

処女作ベストと「星の王子さま」を刺繍したパギーパンツ

発された私は、自分にとって神ともいえる存在だった「星の王子さま」の扉絵を、当時流行のバギーパンツにびっしりと刺繍することにした。

バギーパンツの色はブリーチブルーだったが、よく愛用したせいで今では白っぽくなってしまっている。ウエストのベルト通しの部分にはまるでベルトを締めているように、線路と汽車と踏切と教会の刺繍が刺してある。これは六十五歳になった今でも、時々履いては教壇に立っている。今見ても、とてつもなく根気の賜物だと我ながら頭が下がる。母が私に言っていた「まちこは粗雑だから」は、いつしか聞かなくなった。「粗雑」という形容が「大胆」、「思い切ったことするね」に替わった。

マルチボーダーセーターとオーバーオール　昭和四十六年（一九七一年）

何の影響があったのかといえば、音楽でそれも関西フォークのプロテストソングだ。京都の学生のフォーク・バンドであるザ・フォーク・クルセダーズの登場に始まり高石ともや、中川五郎、五つの赤い風船、和製ボブ・ディランと言われた高田渡や遠藤賢司、そして岡林信康の登場だ。それまでの洋楽にあったブラザース・フォアなどの平和でのどかできれいなフォークソングではなく、彼らは若者の日常と社会の乖離やそれこそ私が高校生の時に洗礼とも言える学びを得た「問題意識」に溢れていた。ザ・フォーク・クルセダーズの「イムジン河」は朝鮮半島を北と南に分断した状況を歌っていたし、岡林信康は「手紙」という歌で部落差別を批判していた。とにかく今のラップミュージックにはない戦争、差別など政治にも社会にも若者たちが歌で「モノ申す」ことをしたのだった。私はこの頃の「グルーミーです」と題したノートを今でも持っているが、ページを開くとさまざまな色のインクで書かれた難しい文章が書き留められている（この時のインクの色も緑が多い）。決して彼らの洋服が汚かったわけではないが、「アンアン」にうつつを抜かしている私の一時代が過ぎ、とにかく汚い格好をしていた記憶がある。兄が高校生の時から友達とフォーク・バンドをしていた影響や、高校生の時に初めて付き合った先輩とフォークデュオをしていたこともあって、私もまた一人でフォークギターを弾いていた。このフォークギターは「ヤマキ」のもので、値段は十万円を超えていた。

私は大学に入ってから、デザイン同好会を作ろうとしたが諦めた。ならばと、大学に通いながら夜に神戸のデザイン専門学校に行こうとアルバイト代を貯めていた。ところが、またこれが母の「夜のデザイン専門学校＝不良」という反対に遭い断念する。そこで大学と家の中継点にある西宮北口の自動車学校で運転免許をとろうと入学金を払い込んだ。入学金は五万円だった。ところがまたこれも母の知るところとなり猛反対。「女の子に運転免許は要りません！

入学金を捨ててでもやめてちょうだい！」。結果、宙に浮いた残りの大金は「ヤマキ」のフォークギターに化けたというわけだ。当時の大学卒初任給は十万円より安かったことを考えてもこの「ヤマキ」のフォークギターは私の財産になった。

この二十年後に我が家に遊びに来ていた兄が懐かしがり「貸してよ」ということで彼の家に貸し出した。ところがその後に起こった阪神大震災の時に上から何かが落ちてきて、ギターのおなかの部分に直撃し、本体にズボンと穴が明き、壊れてしまったのだった。兄は申し訳ないと、替わりに自分のフォークギターを我が家に届けてくれた。そのギターは次男が独学で弾き語り、バンドまで結成してそこで出会った女性が今の彼の奥さんである。こうして考えると何もかにもが一言で片づけられず、つながっている不思議さを実感する。

さて、そんなフォーク熱もあり、アングラ的なファッションに身をやつしていたということだ。高校時代に仲良しだった三恵ちゃんは、甲南女子大学に進学していた。大学生になって初めてのお正月に三恵ちゃんの家に招いてもらった時もこの洋服を着て行った。三恵ちゃんから「まちこ、そんな格好、可愛くないよ、男の子にモテないよ」と言われた。三恵ちゃんは女子大生らしく華やかな洋服を着ていた。私はそれを見て「ああ、三恵ちゃんは違う世界に行ったんだなぁ」と思った。母もこの汚ならしい格好が悩みの種だったようだ。「まちこはお嬢さん

母が名付けた「敗戦バッグ」とオーバーオール

らしい洋服が一着もない」といつも小言を言っていた。「一着くらい持っていないと、いざというときに困るでしょう」というのだ。

ある日、両親が三宮に出かけるときについでに、母曰く「お嬢さんらしい洋服」を買いに行くことになった。「いざっていう時ってどんな時よ」と口答えする私。「今日みたいな時よ。一緒に出掛けたりする時よ」と返してくる母。私にしてみれば「お嬢さんらしいってどういうことよ」と思っていたし、「あなた方とは違う」とも心の中で呟いていた。それは三恵ちゃんに言われたときと同じだ。「あなた方とは違う」だ。結局、前方二十メートル先を両親が歩くその後姿を見ながらふてくされて付いて行った。その時に着ていたのもこれだった。マルチボーダーのセーターは浅い紫色と紺色とグレーの配色で、オーバーオールと私の気持ちとのトリプルマッチングだったのに。

オレンジ色のキッカーズ　昭和四十七年（一九七二年）

フランス生まれのキッカーズが日本で売り出され、それに一番に反応したのは母だった。キッカーズはカラフルなラインナップが揃っていて、百貨店の写真入りカタログを見て、ランドセルの時と同じように「まちこはどれが好き?」と聞いてきた。前の年にレスリングブーツを買ったばかりだったが、私の目はカラフルなショートブーツの写真にくぎ付けになった。値段は高かったと記憶する。自分の子どものファーストシューズはキッカーズと決めたのもその時だ。その後、同じシリーズの紺色とキャメルのツートンも手に入れ、やがて出会う息子たちのお父さんになる中村寛サンにもプレゼントした。もちろん息子たちも三歳くらいまでキッカーズを履かせた。その後、とんと見かけなくなったが最近また売り出されているようで値段を見て驚いた。一足メンズ・レディスで二万九千円、キッズで二万三千円だそうだ。当時も高かったが、全部、母のお財布によるもの。初めての私のキッカーズはオレンジ色とベージュのツートンだった。

フランス生まれのおしゃれな「キッカーズ」

エスニック柄の編み込みセーター　昭和四十七年（一九七二年）

おなじくアンアンのモデルがファッションページを飾っていたものに毎回、フォークロア・ファッションの提案があった。もしかしたら、フランス本国での雑誌エルの中の紹介を日本用の企画ページとして作り直していたのかもしれない。この時はペルーのニットセーターとお揃いの耳あて付き帽子を被ったモデルが、ジーンズスタイルで載っていた。私はこのペルーのニットの色彩に目を奪われた。どうしても着てみたかった。

このセーターは、私が方眼紙に図案を起こして色を指定し、母に機械編みで編んでもらった。小さいサイズのキツキツのセーターのシルエットが流行っていたので、サイズも指定した。母は、「こんな小さいもの、本当に大丈夫？」と言いながらも編んでくれた。その時、編んでくれたお揃いの柄のマフラーだけが今でも手元に残っている。

「アンアン」グラビアから図案を起こし
母に編んでもらったペルー風セーター

赤ずきんの絵のピンクのセーターと帽子のメリヤス刺繍のカーディガン

昭和四十七年（一九七二年）

編み込み模様の私のピンクの糸が余っていたので、もう一枚リクエストして編んでもらったセーターだ。こちらは無地で、私が当時、何故か私の中で気になっていた「赤ずきんちゃんとオオカミ」の図案を起こし、メリヤス刺繍したものだ。私の指定したサイズは母が訝《いぶか》しがるほど小さいサイズだったので、まだ毛糸が残り、ついでにカーディガンも編んでもらった。カーディガンの前身頃の左右には風に乗って帽子が飛んでいる図案を刺した。

十七歳の頃からどんな状況であっても将来の目標は「絵本を作る人になる」ということはブレなかった。芸術大学には行かせてもらえなかったが、絵はいつでもどこでも描けると思っていた。大学の入学祝いに姉が油絵のセットをプレゼントしてくれた。母と姉は二個一の母子関係だったから、多分母の差し金だったのではなかろうか。母は私の芸術大学志望を拒否したことに、少なからず引っかかっていたのではなかったか。姉が贈ってくれた油絵のセットで、初めての油絵を挑戦する。家に飾ってあった花瓶と花だ。油絵の具を溶かすテレピン油のにおいは、なれなかった芸大生になったような媚薬の香りがした。当時、芦屋川に住んでいた私は、近くで油絵を習

帽子と赤ずきんちゃんの図案はアタシのオリジナル

えるところはないものかと探していた。ほどなくして、西宮北口駅のすぐそばにあった公民館で関西学院大学の先生が油絵の教室を開いていることを知った。私はここに通うことになるのだが、最初は木炭デッサンばかりをしていた。芸大を目指す友人たちが受験のためのデッサン教室に通っていたことを本当にうらやましく思っていた高校三年生の頃の思いを果たすためだった。習い始めて二ヵ月目に入る頃、出入りしている甲風画苑という画材屋のおばちゃんから、「まちこちゃん、モデルしてみない？」と声をかけられた。習いに行った油絵教室でまともに油絵をまだ描かないうちに私は人物画のモデルになった。その後にも二ヵ所程の油絵教室でモデルをした経験がある。ブルーのセーターとジーンズで机の上にあぐらをかいて座っている男の子のような私の姿である。その後しばらくして、何かこれは違うなぁと思い始めた。それは教室に通っても大人たちと一緒に楽しく描く時間を共有するだけで画期的な刺激がなかったことや、もっとダイナミックに大きな絵を描きたいという思いが強くなり教室に行く時間が惜しくなってきたのだった。教室に通ってみて気付いたこともあった。絵は習って上手になるものではなく、描き続ける中で、色や対象とするモノ、構図に取り組む工夫や思惟、集中する快感を得られるものであり、最大限に自分と向き合う行為でその人のその時の人となりが顕れるモノだ、ということだ。であれば、自己流でいいじゃないか、描き続けさえしていれば自分が見えてくるだろうと、その後は大きな号数のキャンバスにいくつか絵を描いていくことになる。しばらくは夢中になったし絵を描くことはやはり無我の境地になれ、あのテレピン油のにおいの前で集中する時空が好きだった。だが、そのうちに油彩という素材に対して、自分は何か違うとも感じ始めていた。まず油彩は重い、乾きさえすれば上から違う色で塗り替えることもできそれまでの過程は消える。描くプロセス自体が作品になるような材料はないものかと考え始めた。油彩の好きな部分はまずはテレピン油のにおい、そしてキャンバスの上でイメージする色を作ることができる面白さであろうか。家では隣の部屋にいた姉から油絵のテレピン油のにおいが耐えられないと苦情が出てきたこともあり、次なる素材を探し始めることになった。パステル、カラーインク、アクリルなど、においのない素材や絵本の童画を描くのに自分なりに適した素材と描く対象探し

大学1年生の夏休みに描いた
油絵大作「芦屋カトリック教会」

である。パステル、水彩、油彩のどれでも人物や風景を描くことは好きだったが、どうしても絵本を作りたかった。その頃出会った絵本が、谷内こうた作『なつのあさ』（至光社）と『ひこうきとぼく』（至光社）である。こんな絵が描きたい、こんな色を出したい、と目指す作品に出会ったことで私の絵本作家になる夢がやっと少し具体的なイメージになっていった。その頃出会った本といえば、有名なサン・テグジュペリの『星の王子さま』（内藤濯訳、岩波書店）だ。この物語は実に私の人生を通して座右の銘となったかけがえのない物語である。「肝心なことは目には見えない、心で見なくちゃね」というキツネさんの言葉は私の生き方の核となり、子育ても仕事も教育も表現も何もかも、この言葉に辿り着く。

結局私は薬剤師になるべく薬学部を目指すも、芸大受験に心が捕らわれ、それもままならず、最後は直前に文転して、教育学科を受けたのだった。大学に行く気もなくなっていた。まして働くなんてことは東京大学に行くより困難なことだとも思っていた。かといって浪人は嫌だったし、とにかく親の言うことに従って、さっさと大学を卒業して社会人になって家を出たい、ただそれだけだった。相当、自暴自棄になっていたと思う。それでも大学は学校の先生を目指している人たちばかりで、学ぶ科目は教育の科目。持ち前の楽天的な性格は、教育なら「図工」ができる「音楽」ができる、一通り学べばいいお母さんになれる、とそこに一縷の望みをかけることにしたのだった。当時、武庫川女子大学には、制服もあり校則がとても厳しかった。最初は黒いタイトスカートとテーラードジャケットのスーツに女子大生の気分で満足していたが、すぐになんとつまらない拘束だらけの学校なのだろうと思い始めた。もともと、仕方なく入ったような大学だったので制服だの拘束感だのどうでも良かった。学ぶ内容も、お母さんになった時に役立つだろう、くらいにしか考えていなかった。生真面目で融通の利かない性格でもあった私は、学校をサボるなど考えられなかったし、それなりの成績も維持できていた。ノートはあまり取らなかったが、先生の話す内容から試験のヤマを当てるのが得意技だった。その的中率も高く、試験の前になると我が家には友達からの電話がよく鳴った。「まち、どれが出る?」自分のかけたヤマは皆に伝わっていたと思う。試験の時も自由席の場合は私の周りは取り合いだった。咳をしたり体をずらしたりする合図など、不正ではあるが周りに少しは貢献できたのではないかと思う。

要するに昔から、数値で表される点数や順位などは私の興味の対象外だったのだ。自分も含めて誰が何点取ろうがどうでもよかったのだ。そんな学生生活は人からどうかと尋ねられても「別に」と答える程度で面白くはなかった。

今は改装されているが、その頃は今津線の西宮北口駅は今津行と反対の宝塚行きのホームが電車の線路を隔てて真向かいにあった。こっちのホームは大人たちに混ざって地味な黒い制服の武庫川女子大生、向かいのホームにはアンアンの雑誌のファッションページさながらの「これぞキャンパスライフ！」といった華やかなファッションに身を包んだ関西学院大学の男女学生が溢れんばかりに見えていた。だが、うらやましいと思ったことは一度もなかった。むしろ自虐的だったかもしれないが、これが自分に課せられた業だと妙に納得していた。私にとって最初から大学に対して楽しいことを期待したり、学びたかったことを学ぶ場だという認識がなかったのだ。それでも危機感だけはあった。こんな状態で四年間保てるかということである。先輩たちがやっていたフォークソングのバンドにも入ってみたが、そういうこと自体よく思わない大学内の雰囲気があった。つまり究極の不自由さがあったのだ。そこで、兄が関西学院大学でデザイン部に入っていたことがヒントになり、いつも何か日常の打開を考えていた私はデザインクラブでも作ろうと考えたのだった。一万人程学生がいるのだから、数人くらいは同じような仲間がいるだろうと、まずはメンバー探しに美術部を訪ねた。案内されたそこには、ジャージ姿で後ろに髪を束ね、前ゴムの上靴を履いて規則的に並べたイーゼルの前で黙って描いている女子学生たちがいた。その光景を見てまるで「養鶏場」みたいだと思った。大学の中でデザイン仲間を見つけることは難しいと分かり諦めた。そこでいよいよ大学の外に出て自力で絵の作品活動をする時が来たのだと覚悟したのだった。

志あるところに光が差し始めた二年生

さて仲間を探しに美術部を訪問したものの、まるで「養鶏場」みたいだと思った私は、「イラスト展を街の中でする」という目的に向かって、三宮界隈のギャラリーやショッピングプラザの通路の壁など、場所の物色を始めた。丁度三宮のサンプラザの通路の壁に、神戸デザイン専門学校の学生たちの作品が展示されていたことがヒントとなり、どこに行けばここが借りられるのかと最上階にあった事務所フロアに探検に行った。ウロウロしていたら、三愛の事務所から男性が出てきて、「何を探しているの？」と声をかけられた。「絵の展覧会がしたいので、三階の通路の壁面を貸してもらうにはどうすればいいですか？」と尋ねると、男性は笑いながら、「面白いことを考えているんだね。うちのお店の中を貸してあげようか」と言ってくれた。

この男性は、高木サンといい株式会社東京銀座三愛の販売促進の責任統括デザイナーだった。当時、「三愛」は三宮にあるサンプラザ（現在はセンタープラザと呼ぶ）の中の二階と三階に手広く出店していた。「三愛」のお店の中には四、五メートルの長さのギャラリー壁が設けられており、そこでアマチュア作家の手作り作品などを募って二週間交代で「作家展」のような催しをしていた。

私は高木サンの話を聞くために案内された事務所に入った。

「作品はどんなのを描いてるの」

「天使です。今、持っています。これです」

私はB5程の大きさの手作りのイラストパネル二枚をカバンから出した。天使のイラストだ。パネルは自分で木のサンをのこぎりで切ってボンドでくっつけた額縁のような枠に直接ケント紙をかぶせたものだ。高木サンは「このパネルは君が作ったの?」と言いながらニコニコして興味津々で作品を手に取り、「可愛いじゃん……、このパネル頑張ったね……」とパネルを返してくれた。それから、まとまった作品数を準備するのにはどのくらいかかるか、など打ち合わせ、私の心は「やったぁ、個展ができる!」でいっぱいだった。帰る時、高木サンが「あのサァ、パネルだけど、サンをのこぎりで切るのも大変でしょ? 三宮に画材屋さんがあるから、行ってごらん。パネルは売っているよ」と教えてくれた。帰りに画材屋さんに行って木製パネルが売られていることを初めて知った。パネルには枠だけではなくベニヤ板の面が付いていた。「そうか……これがパネルというものなんだ……私がプロに見せたパネルはガラクタ同然だったんだ……」

プロの高木サンは私の手作りの木のサンの額縁状のパネルを一度も笑わなかった。笑わなかったばかりか褒めてくれた。本物のプロとはそういうものなんだということを知り、胸が熱くなった。

そんなきっかけから、開催できた詩とイラスト展「まちのてんらん会・ふとっちょ天使の片思い」は大盛況でパネルはどんどん売れた。売れたら描き足して大学から帰るとたびたび店頭に搬入した。芦屋川に住んでいたので、三宮まで電車で十五分だ。土曜日と日曜日には実演即売を行った。展示されていたパネルの中から好きな詩を選んでもらい、お客の要望に応えて、その人の似顔絵に詩をその場で書きいれたオリジナル作品もたくさん作った。個展の期間が済む頃には、作品はほぼ完売だった。手元には作品の写真だけしか残っていない。

その後、土曜日と日曜日に宣伝販促のアルバイトを始めることになる。仕事はこのギャラリーの運営だ。三宮店で数回、個展をしているうちに「神戸に面白い女の子がいるそうじゃない？」と宣伝部で噂になっていたのか、東京新宿店、銀座店、西銀座店など複数のお店から展覧会の声がかかり始めた。展覧会で出入りしているうちに顔見知りになったバイヤーの永田サンから、銀座四丁目の角にあった銀座店で「君が暮らしたい部屋の中を全部企画してみないか」と声がかかった。そこで企画した家具は、後の夫になる中村寛サンがデザインし、私は木工雑貨やクッション、人形、卓上鏡、時計やカップソーサーなどあらゆる素材のインテリア雑貨をデザインした。商品化するために永田サンは小田原や千葉にあった陶器の工房や人形のアトリエに連れて行ってくれた。この時に寛サンのデザインしたイスや私のデザインしたインテリア雑貨が当時の「アンアン」や「ノンノ」、「エムシーシスター」などのファッション誌に掲載されたのだった。掲載された写真のキャプチャーには「三愛　銀座店　プペ」などのブランド名が付いていた。

こうして、自分で一歩踏み出した後は、大人たちが声をかけてくれる方向へ機嫌よく足を踏み入れていった。未知の世界への扉が開けられたようだった。とにかく興味のあることばかりが耳に入ってきたのだ。そうしているうちに、掲載された写真を見た商品本部長が「この商品をデザインしたのは誰？」ということになり、私は銀座店のバイヤー永田サンから正式に商品本部長に紹介されたのだった。大学二年生の時のことだ。土曜日と日曜日は三愛三宮店でギャラリー運営に加えて商品本部に向けた雑貨のデザイン画を思いつくまま描く。そのデザイン帳がいっぱいになる頃（月に一回）東京出張して商品本部で商品化の打ち合わせをしたり、工房へ出向いてサンプルを手作りしたりといった仕事をすることになった。アルバイトは時給四百円くらいだったと思うが、商品本部とのデザイン嘱託契約は月三万円と東京往復交通費支給という内容だった。それらの報酬は年間に数回開催していた「まちのてんらん会」のための画材

㈱三愛の高木さんに褒めてもらった「天使の絵」と
サンを切ってボンドで貼り付けただけの木枠の手作りパネル

詩とイラスト展「まちのてんらん会・ふとっちょ天使の片思い」は大盛況
大学が休みの土・日には来場者の要望に応えて、会場でも実演した

や材料費に充てていた。

赤ずきんちゃんの絵を描いたスカート　昭和四十七年（一九七二年）

母は、布地も私にはくれなかった。姉には何か作るといえば、押入れの中から出して与えていたが、私には一切くれなかった。仕方なく私は、芯地や仮縫い等に使う生成りの天竺木綿を買うことにした。当時一メートル百五十円か二百円くらいだったと思うが、これなら母に文句を言われることはないだろう。

私の構想はこの天竺木綿でギャザースカートを作り、裾周りの一周に「赤ずきんちゃんがオオカミに追いかけられるまでのストーリー」を描くことだった。天竺木綿は薄くて透けるので、スカートの下に穿く木綿のペチコートも作った。ペチコートの丈がスカートより少し長かったので、赤ずきんちゃんの絵の付いた裾から、コットンレースが見え隠れしていた。

スカート廻りは手描きの赤ずきんちゃん物語
手作りのシーチングスカート

カメラマンバッグと油絵の具の木箱バッグ　昭和四十七年（一九七二年）

当時愛用していたバッグは、兄が元町にあった「佐藤ブラザーズ」という米軍物の払い下げの衣類やグッズを扱っている店で買ってきた「望遠鏡入れ」らしいカッチリ四角いショルダーだ。それと入学時に姉に御祝いとしてもらった油絵セットの入っていた木のケースに緑色のペンキを塗ったものである。やがて持ち歩くものが増え、不便になったので新たに買ったのがこのカメラマンバッグだ。これは、卒業後就職してからもファスナーが壊れるまでずっと愛用した。

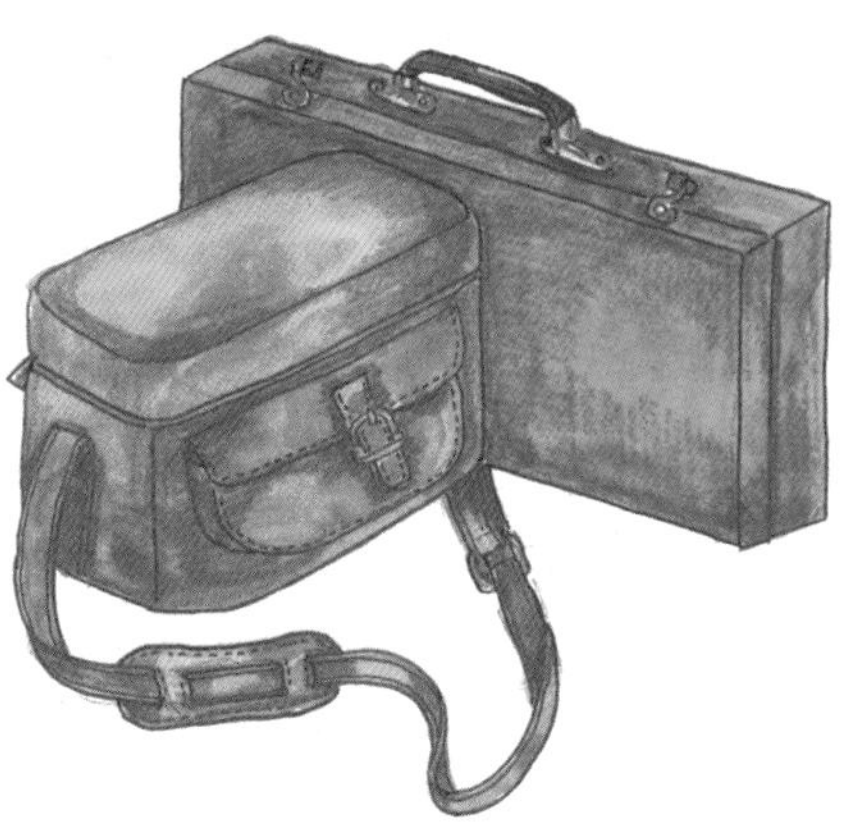

緑にペイントした油絵具入れの木箱と
お気に入りのカメラマンバッグ

デニムのロングブーツ　昭和四十七年（一九七二年）

大学には制服で通い、カッチリと教育学専攻らしい学生を務め、誰にも文句は言わせなかった。家に帰るとデザイナーや作家のようなライフスタイルも板についてきた頃で、自分のこだわりの物は、見つけるというのではなく向こうから私の目に飛び込んでくるようなことが多かった。このブーツはペタンコでデニム製だ。小学生の頃に友達のお誕生日会に着て行くスカートとして出され、大泣きして渋々着て行ったあの「殺風景な」デニムだ。これは個展で東京の新宿に行ったときに、新宿の地下ショッピング街の靴屋さんの店先のブーツの林の中で光を放って私の目に飛び込んできたモノだ。今でもそうだが、モノとはモノの方から、私に買って欲しがっているように話しかけてくる気がする。天竺木綿のギャザースカートの出来栄えに気を良くした私はその後、デニムのギャザースカートを作り、ボソボソの毛糸で作った編み込み模様のベストとカメラマンバッグとともに、その足元はいつもこのブーツだった。

この頃になると母は靴やカバンに対してはあまり何も言わなくなった。ところが洋服、特にニットに関しては相変わらず、母のネガティブな批評が下る。買って帰っても知らん顔してしばらく隠しておくか、バーゲンで安かったと嘘をいうかのどちらかでごまかしていた。今思えばおそらく母は全部お見通しだった。

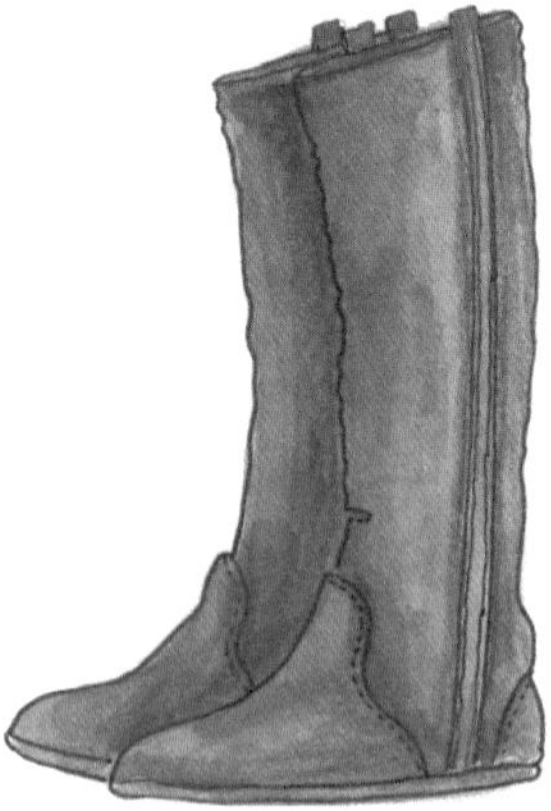

デニム素材のロングブーツ

ツイードのフレアスカート　昭和四十七年（一九七二年）

手作りに少しハマっていたが、その当時のお気に入りブランドはロペだった。ロペは細身で、どのアイテムも色が一ひねりしてあり、少しエレガントなヨーロピアンカジュアルのブランドだった。私は、初めてのアルバイト代を使い果たして、前から狙っていたミックスツイードのフレアスカートを買った。九千八百円だった。大学卒初任給が五、六万円の時代の九千八百円は高級品だ。母にはあきれられたが、このツイードのスカートは今でも毎年冬になると一回や二回は着用する。いいものは五十年たってもいい。この頃築かれつつあった私のファッションに対する価値観は五十年たっても変わらない。

ピンクのケンゾー風コール天ジャケット　昭和四十七年（一九七二年）

ほんのりグレィッシュなピンクは当時、セーターやジーンズでよく身に付けていた色だ。このジャケットはミディ丈のタイトスカートとのスーツでジャケットだけは頻繁に愛用した。幅の広いテーラーカラーはレトロで昔の女子学生風だ。フレアースカートの上に着て足元は長靴みたいな茶色のブーツ。カバンは勿論カメラマンバッグだ。

ケンゾー風ピンクジャケットとツイードスカート

スポーツプリントのニットシャツ　昭和四十八年（一九七三年）

大学三年生の時から、土日に「三愛」で販売促進のスタッフとしてアルバイトをしながら、本社の商品本部のデザイナーとして雑貨のデザイン契約をしていた話は先に書いた通りだ。私は「三愛」のお世話になっていたことに違いない。だけれども私は「三愛」の洋服のファンというわけではなかった。規模は「三愛」の方が断然大きかったのだろうが、当時の競合他社として「鈴屋」というブランドショップがあった。私はその「鈴屋」の商品の方が好きだった。「三愛」よりもおしゃれなものが多かった。土日は三宮店で販売促進のアシスタントをし、月に一回、東京銀座の本社に「デザイン画」の束を持って出張に行くことが私の契約条件で、銀座にあったデザイン室には私の机も置かれていた。デザイン室のデザイナーは十五人ほどいて、三愛が提携している海外のブランドのデザインを担当するデザイナーが二人いたが、あとはオリジナルブランドの「アンアン」や「SAN—AI」というブランドのワンピースやスカート、ブラウスなどの服種別のデザイナーたちだったように記憶する。つま

乗馬プリントのニットシャツ

り一人のデザイナーがトータルでデザインしているわけではなかった。多分、そういう作り方だったこともあり、三愛の商品は単品ブランド的な雰囲気が店頭にも表れていたのだろう。私にとって、ファッションの面白さとはコーディネートで自分なりのオリジナルのスタイリングを作ることだった。単品の服種別の店頭ではそのファッション提案が感じられなかった。当時は「鈴屋」も同じだったかもしれない。規模が小さかったこともあるだろうが、何となく面白いファッショナブルなテキスタイルの物が多かった。このシャツはニットで、当時流行した「スポーツプリント」のシャツだ。

チェックのダブル打ち合わせシャツ　昭和四十八年（一九七三年）

このシャツも「鈴屋」で買い求めた。首の部分から胸の下あたりまでバイヤス地の五角形状のヨークがあり、打ち合わせがダブルになっていた。うまく再現できそうにないモスグリーンやブルー、イエロー系のブラウン、グレーなどの色が組み合わされたチェックである。これもスポーツプリントのシャツと同じくらい愛用したシャツだ。

チェックのダブル打ち合わせシャツ

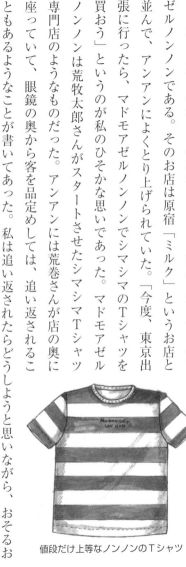

マドモアゼルノンノンのシマシマＴシャツ　昭和四十八年（一九七三年）

当時、原宿に一坪ほどの有名なショップがあった。マドモアゼルノンノンである。そのお店は原宿「ミルク」というお店と並んで、アンアンによくとり上げられていた。「今度、東京出張に行ったら、マドモアゼルノンノンでシマシマのＴシャツを買おう」というのが私のひそかな思いであった。マドモアゼルノンノンは荒牧太郎さんがスタートさせたシマシマＴシャツ専門店のようなものだった。アンアンには荒巻さんが店の奥に座っていて、眼鏡の奥から客を品定めしては、追い返されることもあるようなことが書いてあった。私は追い返されたらどうしようと思いながら、おそるおそる原宿のお店に入った記憶がある。シマシマの幅は細いものから太いものまで二、三種類あり、色は赤、紺、青のビビッドカラーに加えてブルー、ピンクのパステルカラーもあった。間口が狭く奥に細長いお店の中は真っ白で透明感があり、お洒落で清潔感に満ち溢れていた。荒巻さんはやはり愛想のない人だったが、私は紺色の太いシマシマのＴシャツに決めた。

値段だけ上等なノンノンのＴシャツ

この頃の新幹線の東京大阪間は片道五千円程度だった。その料金が学生にとっては高いという理由で、月に一度の東京本社への出張はＪＲ深夜バス「ドリーム号」を利用していた。その頃のＴシャツは高くても二千円程だったが、この時、四千三百円もしたマドモアゼルノンノンのＴシャツは随分高級品だったといえる。

芦屋に帰ってから母に「まちこ、これ高かったのかもしれないけど信用できない品物よ、裁断がねじれているもの」と真っすぐ干しても脇がねじれていたＴシャツの本当の値段をとうとう母には言えなかった。

サクランボ柄のハマカラーブラウスと紺のミニスカート　昭和四十九年（一九七四年）

私は大学の文学部初等教育専攻に入学したのだが、周りの皆は当たり前に小学校の先生になるべく希望に燃えていた。私は、皆のように「学校の先生になりたい」という思いで入学したわけではなかったが、周りの環境に順応しようとするあまり、幼稚園の先生ならまだやって行けそうな気もしていた。三年生の夏に幼稚園教諭の免許取得のための集中講義があり、採用試験を受けるのであれば、小学校教諭と幼稚園教諭に選択肢を広げることにしたのだった。

その夏の集中講義の時に着て行った洋服がこの洋服である。武庫川女子大学は、前にも触れたが当時は「鳴尾のカラス」と呼ばれていた。定刻になると鳴尾駅は真っ黒なスーツの女子大生が湧き出てくるような光景だったのだろう。

入学してから二年生の終わり頃までは皆、どことなく「黒なら」いいだろうと、制服ではない黒のジャケットやミニスカートを身に付けている学生が多かった。私も同様である。夏の制服は黒いスカートと白い上衣と決まっていた。中には濃紺のスカートの友達もいた。要は黒に近ければいいのだというのが、私たちの認識であった。夏休みの補習ということもあり、私は「濃紺のキルトスカート」と「サクランボ柄のブラウス」にローファーを履いて講義初日に登校した。その頃、毎週末には三宮の「三愛」でアルバイトをしており、休憩時間に必ず同じサンプラザ内にあった「キャビン」という名のソフトトラディショナルのお店を覗くことが楽しみだった。以前から目を付けていた「濃紺のキルトスカート」と一目惚れした「ハマカラーのサクランボ柄のブラウス」を手に入れたのだった。「夏休み中なのだし、サクランボ柄といっても白地

サクランボ柄のブラウスと濃紺のキルトスカート

だし……」とタカをくくっていた。ところが運の悪いことに、学生課の職員に校門で呼び止められ学生手帳をとり上げられた。「授業が済んだら担任の先生の研究室まで学生手帳を取りに行ってください」ということだった。私はそういうお咎《とが》めの前科はなく、初めてのことだったが不思議と罪悪感はなかった。こんな清く正しい女子大生ルックの学生を呼び止める大学がどうかしていると心の中では思っていた。講義が済んで担任の先生の研究室に行くと、担任の須美先生は「山下さん、どんな格好して登校したのかと思ったら可愛らしい女子大生の格好じゃないの。もうごめんなさいね、こういう些末なことで手帳をとり上げるなんてね。でもそれがこの学校のルールらしいから、許してちょうだいね。はい、手帳。今後は見つからないようになさい」と言われた。須美先生は、食物学科の先生で太った江戸っ子のおばぁちゃんだった。大らかでよく笑うおちゃめな先生だった。私たちは須美先生が大好きだった。

ちなみに、この二つのアイテムを買った「キャビン」というブランドショップの包装紙のキャラクターは、あのカーペンターズのカレンのジーンズの膝にアップリケされていたラガディ・アンディだった。このお店でスカートを買うと、フランスパンのバケットを入れてくれる細長い筒形の茶色の袋に入れてくれた。まるでフランスパンを買ったように筒形の茶色の袋を抱えるのが女の子たちのちょっとしたステイタスだったのだ。筒形の茶色の袋にショップ名「ＣＡ

ＢＩＮ」（キャビン）のロゴと共に描かれたラガディ・アンディがお洒落で可愛かった。

リバティプリントとペイズリーのワンピース　昭和五十年（一九七五年）

この後しばらくの間、私のワードローブにキャビンが続く。この頃から母に「まちこはお嬢さんらしい服が一枚もない」と小言を言われなくなった。

ペイズリー柄とリバティプリントといえば、英国トラディショナルが漂ってくるようなキーワードだ。この二枚のうち最初に買い求めたのが黄色いリバティプリントのワンピースだ。花柄など着るような感覚はそれまでなかったのだが、これは後に結婚することになる中村寛サンの提案によるものだった。「たまには花柄のワンピースなんていいんじゃない？」と言われてお店に行き一緒に選んだものだ。本人はきっと覚えていないだろう。寛サンは六十八歳になる今でも、相変わらず当時身に付けていた出で立ちと変わらない頑固なこだわりがあり、基本的にはトラディショナルだ。それもバキバキのトラッドではなくどこか崩したソフトトラディショナルともいえない独特のこだわりがある。彼は何事に対しても封建的で伝統的なものに捉われたくない自由な新しい感覚を目指しているのだが、基本的にベーシック志向だった。

一枚でコーディネートが要らないワンピースアイテムは、東京へ出張に行くのも確かに楽だった。そんな理由でもう一枚買い求めたのがペイズリー柄の同じデザインのワンピースだ。黄色のリバティプリントのワンピースも茶色のペイズリー柄のワンピースもデザインは全く同じで小さな四角いショールカラーにウエストまで明きがあり、ウエストで切り替わっているスカート部分は細かいプリーツスカートだった。ウエストに共布のベルト紐が付いていた。私が気に入ったのはこのウエストの共布のベルト紐だった。トラディショナルだけれどベルトではなく前で紐結びにする崩したデザインが気に入ったのだった。

ところがワンピースというアイテムは動きにくく、「お嬢さん」としておさまっている分には適していても、まるで借り物を着ているようでおちつかず、結局あまり着なかった。「きちんとした」「動きにくいもの」は当時も今も私のライフスタイルにはそぐわないということなのだろう。

お嬢さん風のリバティ柄のワンピース

キャビンのペイズリー柄ワンピース

タータンチェックのキルトスカート　昭和五十年（一九七五年）

「トラディショナル」というスタイルには基本的なルールがある。流行に左右されない保守的なスタイルである。私の大学生活は制服着用というルール以外でも保守的だった。時間が来ると登校して、授業が済むとさっさと帰るという暮らしだ。三愛でのアルバイトやデザインの契約、自身の展覧会活動など、大学を一歩出ると、興味深い楽しい仕事で日々が埋められていた。

赤いタータンチェックのキルトスカートはタータンの店「ヨーク」で買い求めたものだ。アラン模様の生成りのセーターと合わせるのが一般的なトラッドのルールで、これにベレー帽をかぶって、チャコールグレーのニーソックスにローファーといういかにも型通りのものを着ていた。ルールというものを人一倍、窮屈に感じる私が、だ。

これは、保守的な家庭に育ったことや学生でありながら企業と嘱託契約を結んでいたこともあり、大人社会に出入りしていた影響が大きかったのかもしれない。四年生のこの頃は、短い期間だったが人生で最も「保守的」なファッションにはまっていた。

トラッド少女のテッパン！
ヨークのタータンキルトスカート

カナリア・イエローのサファリスーツ　昭和五十年（一九七五年）

幼稚園に保育実習に行った時期は秋で、保育はどんぐりや木の実や森の動物たちの暮らしなどをテーマにした絵本読み聞かせや歌などで展開されていた。私の担当の先生はなかなか気の強そうな先生で、今の保育テーマに沿った題材で後ろ黒板を楽しく作るよう指示された。翌日、私は茶色の古封筒と茶色の毛糸を持参して、子どもたちには日中に封筒の中に紙くずを入れさせておき、封筒の口を毛糸で縛り、それをどんぐりに見立てて、どんぐりの木を半立体的に作る予定だった。その日の放課後、せっせと制作に励み、夕方には後ろ黒板に見事などんぐりの木を完成させることができた。実習生で残っていたのは私だけで、完成したことを主任の先生に報告すると、次々といろいろな先生が見に来て感心した。作品があまりにも立派だったことで先生同士のやっかみや意地悪な噂がその後、耳に入ってきた。女性ばかりの職場はそういうことがある。私は後ろ黒板に毎月何かアイデアを出して創作できるなら、幼稚園教諭も悪くないと思ってはいたが、やはりここは自分の一生の仕事場ではないと感じていた。しかしとりあえず当時は芦屋川に住んでいたことから、芦屋市の幼稚園教諭の採用試験を受けることにした。

大学四年生にもなると二十歳を過ぎ、採用試験もあり、社会というものが間近に迫ってくる。

大学では教育実習班の班長の役目もあり、その頃はクラスの皆も入学した時に誂《あつら》えた「真正・制服」を着て「当たり前の大学四年生」らしい服装になった。服装というものは、まさに「人のナリ」で、それは着用する者のライフスタイルや考え方にまで影響するものだ。

私もまた通学服としての制服へのこだわりは全くといっていいほどなくなり、「真正・制服」を着るようになっていた。四年生にもなると、制服のルールを守りながらのささやかな違反など、小さなことに思えてきた。黒のコール天やフラノのジャケットや黒のミニスカートを身に付けていてもやはり、制服はただの「制服」の範疇でしかなく、そういったことに神経を配る労力が惜しくなってくるものだ。周りの皆も同じようだった。そんな私たちの唯一のおシャレは当時流行っていたスポーツブランドのマーク付きの白いポロシャツだった。ワニのマークのラコステ、金色の熊のマークのゴールデンベア、ペンギンのマークのマンシング、ニワトリのマークのルコックスポルティフなど、黒い制服のジャケットの下にはいろいろな動物のブランドマークが付いていた。私は東京への出張も相変わらず月一回のペースでこなしていたが、いよいよ卒業後にどうするかを考え始めていた。このまま株式会社東京銀座三愛の商品部に本採用となるのかどうかも分からなかった。

ちょうどその頃、三宮で出会ったスーツがこのカナリア・イエローのサファリスーツである。

ロペの「カナリア・イエロー」スーツ

両胸、両サイドにパッチポケットがあり、サッシュベルトが付いていた。ウィンドーに飾られた黄色いスーツは、中学一年生の時に「女学生の友」の附録のファッションブックで見たあのカナリア・イエローのミリタリースーツを彷彿とさせた。素材は綿麻で、さらりとした肌触りだったことも気に入った。

アタシ、デザイナーになる

昭和五十年（一九七五年）

㈱東京銀座三愛デザイン室で
デザイナーとして社会人スタート

初給料をはたいて買った輪行車

私はその後、芦屋市の幼稚園教諭の採用試験を受け、合格の通知をもらったが、結局、蹴飛ばした。同時に株式会社東京銀座三愛の当時の商品本部長、営業本部長、宣伝本部長など偉い幹部の方々や社長や会長にまで可愛がってもらい「まちこ、卒業後どうするつもりなの」と声をかけられていた。

卒業が半年後に迫る定例の東京出張だったある日、私は偉いおじさま方に呼ばれ、会長室に通された。そこは、広々とした眺めの良い最上階でふかふかのソファーや立派な調度品でシンプルに設《しつら》えられていた。確か七人くらいのおじさまに囲まれていた。テーブルを挟んでゆったりした革張りのひじ掛け付きの椅子に座った私。向かいに座ったのが社長さん(だったと思う。会長さんだったかもしれない)。その社長が座る椅子の両方のひじ掛けに二人の本部長がそれぞれのお尻をひっかけるように腰かけていた。あとのおじさま達は社長の座る椅子の背もたれに手をかけて乗り出すようにニコニコ笑っていた。私は東京で仕事を始めるようになってから出産で辞めるまで、この七人のおじさま方には本当にかわいがってもらった。会長さんには、お誕生日の昼休みに銀座松屋のグッドデザインコーナーに連れ出され、「デザイン室で使ってね」とティーカップを買ってもらった記憶がある。七人のおじさま方には社内ですれ違うたびに「まちこはいつもニコニコしていていいね、何も悩みがないのだね」と声をかけられた。このニコニコ顔は、やはり末っ子で可愛がって育てられた賜物ではないかと思う。

「さて、君はこの会社に入って何がしたい？　どの部署に行きたい？」と一番偉い社長さんと会長さんに尋ねられた。私は商品本部と契約していたが、「宣伝部に行きたいです」とはっきり答えた。「宣伝部に行って何がしたいの？」と尋ねられ、「三愛の商品袋のデザインをもっと若者が持って歩けるようなモダンなデザインに変えたいです」と言った。

当時、前にも触れたが鈴屋というショップブランドがあり、その店の商品袋は、ターコイズブルー一色に「ＳＵＺＵＹＡ」とシンプルな白い文字が入っているだけだった。当時の大学生の間でブランドショップの紙袋を二次利用して持って歩くことが流行っていたことに私は注目していた。ところが三愛の袋は白地に写実的な菫の絵が描かれており袋のマチ部分は黒で、漢字で「三愛」と印刷されていた。この古臭いと感じる袋を若者が支持するモダンでシンプルなものに変えれば、若者たちが持って歩いてくれて放っておいてもタダで宣伝できる、と主張したのだ。取り囲んでいたおじさま方はどっと声をあげて笑った。なぜ笑われたのか分からず、ポカンとしている私に社長さんは笑いながら「君のいうことはとてもよく分かったよ。だけどね、会社のマークはそんなに簡単に変えられないのだよ。三色菫の絵はこの会社の三つの愛を表しているし、これはコーポレートアイデンティティーといって、その家に代々伝わる紋のような役割だからね」と優しく説明してくれた。

その後、「まちこを伸ばすには、どこがいいかなぁ」と言いながら七人のおじさま方は、「立体的な商品にも平面的なデザインにも両方生かされるような可能性がある商品本部がいいね」ということになり、私は商品本部の雑貨のデザイナーとして、いよいよ上京し、銀座でその感性を磨かれることになる。

今思い出しても破天荒な女の子だったとしか言いようがないが、私のスタートは「ド」の付く素人発想である。おじさま方は「ド」の付く素人発想というよくいえば、まだ何色も付いていない私に鮮度と興味を持ってくれたのかも知れない。何に対しても誰に対しても物おじしないこの性格は、その後の人生のさまざまな場面で切り拓く原動力になっていく。

今もそうだが、当時から「知らないこと、できないこと」を弱みとして肩をすぼめて生きるのではなく、「知らないこと、できないこと」を強みに転換する生き方が好きだった。知るための努力や出来るようになるための努力を怠らないというのは勿論のこと、知らないことは他者に訊《き》いたり、できないことなら他者に任せること、それが本物の潔さに繋がるように思っていたからだ。

芸術大学に行ってイラストレーターになり、絵本を作るヒトになりたかった私が教育学を学び、幼稚園の採用試験の合格通知を貰ったがそれを蹴飛ばし、絵も習わず独学の絵と詩の作品展をしているうちに、誰かの目に留まり、それがきっかけで商品デザインの道に入っていった。出会うこと、ものに対して、いつも興味関心のある方を選び取ってくるうちにたどり着いた所はデザインという世界だった。

ワークシャツとグルカパンツ　昭和五十年（一九七五年）

大学を卒業して親元を離れられる。私はこのことしか考えていなかった。初めて子どもを手放すことになった両親は心配そうに私に付き添って上京し、会社の方々に挨拶して回った。父が日本通運に勤めていたので「お嬢さんの引っ越し」ということで、大仰な引っ越しだったようだ。セキュリティーの行き届いた綺麗な東京大森の寮生活に入り、寮の友人たちから後で聞くところによると、「鳴り物入り」だったそうだ。寮生たちは皆高卒で年下だった。また、店頭販売員ばかりで私のような商品本部のデザイナーという専門職はいなかったこともある。引っ越し荷物で最もカサが高く運びにくかったのが、アンアンのバックナンバー二百冊ほどの塊である。あの雑誌は一体、その後のいつの引っ越し時に廃棄したのだろう。今でも置いておけばよかったと後悔している。

私が親元実家から離れて一番したかったことは、自分のお弁当を自分で作ること、自分の着る服を作るための毛糸や布を母の目の届かないところで買うことなどだった。お弁当は毎日作ったが、服を作る時間はなかなかとれなかった。

仕事場は銀座にあり、デザイン室には十五人程のデザイナーが机を並べていた。その一角に私の机もあった。数年前までここに高田賢三サンや金子功サンが机を並べていたことも知った。一九七〇年代は企業で働く「デザイナー」という職業が世の中にぽつぽつ受け入れられ始めた頃だ。先輩たちは私よりずんと大人で、私はデザイン室でも「まちこ、まちこ」と子ども扱いでよく可愛がってもらった。デザイナーたちのファッションは皆一様にシンプルでジーンズが多かったが、そのコーディネートが垢抜けていた。アイデアに富んでいたのだった。誰かのアイデアに対して「可愛い」という声が挙がりアイテムが伝播していくのはとても刺激になった。

ある時、「いい柄の風呂敷で中国服みたいなトップス作ってみた」と真っ赤な縮緬《ちりめん》地に、唐古人形の柄の風呂敷で作ったノースリーブのトップスに細身のジーンズの裾を折り上げて、ソックスにピンヒールを履いてきたデザイナーが皆の大絶賛にあった。とにかく三愛の先輩デザイナーたちは自分なりにオリジナリティーのスパイスを必ずきかせて着ることを楽しんでいた。その頃の私が一番気に入ってきていたのがこのワークシャツとグルカパンツルックだ。ワー

手染めブランド「N」のシャツと自分で染め直したグルカパンツ

クシャツは銀座の会社のそばにあったブランドショップで買ったもので手染め風のナチュラルな色展開が魅力的だった。グルカパンツは持っていたデニムのパンツを染め直したものだ。

ソックスとグルカシューズ　昭和五十年（一九七五年）

さて、これらのまるで夏休みの子供服のようなスタイルをコーディネートアップさせていたのが、この編み込みストラップのグルカシューズ。このデザインの靴は、結婚してママになってからも何足も買い替えては続いた私のロングセラー靴だ。このタイプの靴をグルカシューズと呼ぶ。グルカとは十九世紀の英国との戦争時にネパール側で活躍したグルカ兵と呼ばれた戦闘集団に与えられた軍靴がデザインルーツだそうだ。それにしても、「グルカ」アイテムや「アーミー軍」アイテムは私の人生でたびたび登場する。これはきっと無意識に「勇猛果敢な兵士のような女性」になりたい私の心の表れだったのだと思う。

この頃特に気に入っていたグルカシューズ

ガーゼのブラウスとブルーのコール天胸当てギャザースカート　昭和五十年（一九七五年）

私の担当は雑貨デザインだった。チームは先輩のおじさんのデザイナーと、マーチャンダイザーとそのアシスタントの女性と私との四人だった。四人全員で行動するのは、たまに夜にご飯を食べたり飲んだりする時くらいで、あとはこの企画アシスタントのユチ子さんといつも一緒だった。年齢は私より四つくらい上だった。ユチ子さんは、もともと売り場で販売担当だったそうだが、とにかく売る額が半端なく成績が良くて、商品部に引き抜かれたということだった。ユチ子は「シカチョー」と称してどこにでも私を連れて行ってくれて、あれこれよく教えてくれた。「シカチョー」とは市場価格調査のことで、他社商品の市場調査だけではなく、業務用の台所用品の店や文房具店、パッケージやボタンや生地屋などカテゴリーを問わず、新商品開発のヒントを得るために社外に飛び出す活動を言う。ユチ子はとてもファッショナブルな女性だった。今はもうとうとう取り壊されたが、その頃も既に原宿アパートには生活住人はおらず、マンションメーカーのアトリエの集合建物になっていた。その中にユチ子の気に入っている「アトリエＫｕＫｕ」という店があり、そこで私の目に一番に飛び込んできたのが、この薄い水色と緑色を混ぜたように染められたガーゼのブラウスだった。丸くて小さいショールカラーで胸は縫い止まりのピンタックが並び、袖口はゴム入りの「手作り」ブラウスである。この「アトリエＫｕＫｕ」でまさか一年後にウェディングドレスを縫ってもらうことになるとは思いもしなかった。

大学二年生の頃、フランスの高校生リセの生徒のファッションが雑誌で紹介され、私は懐かしい気持ちが込み上げてきて、このコール天の水色の胸当て付きスカートを買ったのだ。コール天の水色の胸当て付きスカートは、それでもなかなか自分なりにぴったりするインナーが見つからず、春先に白いＴシャツとしか着たことがなかった。原宿の「アトリエＫｕＫｕ」でこのガーゼのブラウスを見つけた時、真っ先に浮かんだのがコール天の水色の胸当て付きスカートだった。気に入って買ったけれども、そんなに着ることがなかったスカートはこのブラウスに出会ったことで、私の生活で大活躍することになる。ワークシャツとグルカパンツもこのガーゼのブラウスと胸当てスカートも、夏休みの子供服のようなスタイルだ。とにかく、親元離れたら、私の中では「着たいもの」は何でも来い、自由だっ

「アトリエ KuKu」のブラウスとリセエンヌ風ジャンスカ

たのだ。

ラングラー・ギャルズのストレートジーンズ　昭和五十年（一九七五年）

その頃「ラングラー」というジーンズブランドのレディスラインが「ラングラー・ギャルズ」という名で発売され、その雑誌広告に載ったコピーが、「別れるとき、涙がいっぱい溢れてきたけれど心の中ではベロを出していた。好きな人とバッタリ会ったのに、これからデートだと嘘をついてしまった」というもので、共感した覚えがある。ラングラー・ギャルズのストレートジーンズはお尻をすっぽり包み、太もものあたりから足首まで、程よいゆとりのストレートシルエットで、ジャストウエストのクラシックタイプだった。いずれにしても堂々とした勇気のある女性を指して用いられる「ハンサムウーマン」用のブランド誕生だったのだ。

ギンガムチェックのワークシャツ　昭和五十年（一九七五年）

私のファッションスタイルはすっかりラングラー・ギャルズのジーンズと共に定着していった。「ドゥファミリィ」のシマシマTシャツの「赤」バージョン、「青」バージョンとこの楊柳のギンガムのチェックシャツである。寮生活の私にはアイロンも要らないアイテムたちが私の愛用品になっていった。Tシャツとジーンズ、シャツとジーンズは、色っぽい女性を演出することは難しいが、ベビーフェイスで子どもに見られてしまう私には身の丈に合ったスタイルだった。もっとも職場の女性社員たちからは、「まちこの顔は子どもっぽいが、話すことは大人」とほめてもらったことがあったけれど。機能的・実質的・シンプル・身の丈に合った、というのが私のファッションスタイルのコンセプトになっていった。

「ドゥファミリィ」のシマシマTシャツ　昭和五十年（一九七五年）

「ドゥファミリィ」というブランドがあった。最初に出会った当時の印象は「アメリカの原っぱでドラム缶の周りで鬼ごっこをしているような少女の洋服」のような素朴さだった。このブランドは子育て期の初期が終わり、三十代で働くママを始めていた時にも昔の懐かしさで頻繁に覗くことはあったが最初の印象はなくなっていた。

デザイナーとしてどんどん新商品を開発するようになり、布製品を初めとして、陶器、木工、金属など素材を問わないモノのデザインは、工房に行って終日サンプル制作に拘わったりすることも多かった。その頃のデザイナーに限らず今でも皆そうだと思うが、一般の人が持っているだろう華やかなデザイナーのイメージとはかけ離れ、地味で真面目な職人気質が勝っていた。

テッパンスタイルのラングラーギャルズのジーンズと
楊柳ギンガムのシャツ（左）・「ドゥファミリィ」のシマシマＴシャツ（右）

私の生活は寮生活で、まして年も一番上だったこともあり、地方の高校を出てきてファッションアパレルで働く可愛いファッションに身を包んで出勤する寮生たちとは一線を画していた。仕事に慣れてくるにつれ、ライフスタイル全体が作業で占められ、洋服は作業服が一番という感覚になってきた。流行はどこかから与えられるものではなく、自分で作り出すという気概を持つ側になっていたのだと思う。「シカチョー」の帰りにアメ横で五百円の無地の生成りのTシャツを見つけ、買って帰って胸にミッキーマウスを布用の画材で描き、翌日意気揚々と着て行ったことがある。先輩の男性デザイナーだった磯サンにこっぴどくお叱りを受けた。「まちこ、モノをゼロから生み出す仕事に携わっている者が、そういった人の作ったキャラクターをわざわざコピーして着てくる発想が情けない」というものだった。磯サンは当時三十六歳くらいのおじさんで、私が入社する前は、カバンやベルトのデザインをしていた。私はあまりしゃべらない寡黙な磯サンが言っていることを実は心の中でシラけて聞いていた。磯サンだって、いつもヴィトンのベルトをしていたからだ。磯サンは仕事に厳しく、何を考えているのか分からないような人だった。

東京に住み、会社に通い始めて一ヵ月もたたない頃のことである。会社に行っても磯サンは何も指示を与えてくれなかったので、「シカチョー」に出たり、デザイン画を描いたりしていたのだが、そのうちそれにも飽きて何もすることがない苦痛な状態になったことがあった。磯サンが隣の席から「まちこ、何してるの?」と声をかけてきたので、何か指示を与えて欲しいと言ったところ、「仕事は指示を与えられなくても自分で見つけるもの」と言われてしまった。「何もすることがないなら好きな漫画でも読んでいれば?」と言われた。今思うと皮肉を言われたのだと思うが、当時の私はそれを嫌味や皮肉とは全く受け止めず、その言葉通り翌日から早速一日中デザイン室で漫画を読んで過ごしたことがあった。実に十日間程だ。そのうち漫画も読み飽きて一日中そうして過ごしても誰も何も言ってくれるわけでもなく、職場は私にとって針の筵のようになってしまった。実家からの反対を押し切って東京まで出てきている以上、会社を辞めるという選択肢はなかったが辛かった。当時は超えなきゃならない第一ハードルだと自覚して耐えることがいっぱいあった。私は末っ子で我儘を聞いてくれる家族の中で甘やかされて過ごし、姉兄と比べて一番親に躾けられる時間が短かった。にもかかわらず自立を目指して飛び出てきた。つまり、一般的な常識もお行儀も耐える力も何も実力がないままに出てきたわけだ。であれば、ヒトが普通感じないようなことでも辛く感じることが多いのは当たり前の事ではないかと考えてきたのだった。泳ぎが出来ないくせに装備が不完全のまま、好きで大海に飛び込んだのなら、溺れそうになっても仕方がないではないか。そんな風にどこかで冷静に自分を見ていたところがある。

さて、チームの皆は関西からやってきた変な女の子が辛い日々を送っていることを十分分かっていたらしく、つぶれる直前まで放っておこうと結束していたらしい。とうとうつぶれそうになる頃を見計らったのか、漫画を読み続けて十日ほど経った頃、マーチャンダイザーの青沼サンから「今日はまちこもみんなで、磯サンの行きつけのお店に飲みに行こう」と声がかかった。銀座四丁目の角から数件目のお店だったと思う。座って飲み物が運ばれてくるなり私は何杯くらい飲んだのだろう、何も食べずに水割りを五～六杯は飲んだのではなかったか。もちろん、それまでの私の中でくすぶっていたことや言いたいことも言ったと思う。トイレに立ってその後の事はまるで覚えておらず、気が付いたら磯サンの家で寝かされており、隣の部屋で楽しそうなチームの宴の様子が聞こえていた。磯サンには一人っ子の小さな坊やがいた。そっと部屋の様子を見に来てくれた坊やが、「おねぇちゃん、大丈夫?」と言ってお水を持ってきてくれた。その夜はどうしたのか、磯サンの家にみんなでお泊りしたのか全く覚えていない。覚えていないのにその日に着ていた洋服がこの「ドゥファミリィ」のシマシマのTシャツだったことだけはよく覚えている。仕事のことで酔いつぶれてなどいられない、私は果敢に挑戦するハンサムウーマンになるのだ、という自覚と決意。それを体現してくれていたのが、ラングラー・

ギャルズのジーンズとシャツたちだった。

アタシ、ツマになる前に

昭和五十年（一九七五年）

昭和51年1月、中村寛サンと結婚
お米を投げて祝福してくれた亡父母

ツマになる直前のお正月
京都の実家玄関前で

もうすぐ大学を卒業して一年という昭和五十一年一月。二十三歳で中村寛サンと結婚した。寛サンは息子たちの父親になった人である。彼との出会いをここで息子たちに残しておこうかとふと考えた。考えているうちに、出会いというのは意味がある。そしてちゃんと順序があるのだということに気付いた。彼に出会う前に、私は私の潜在意識の中で、そのきっかけを幾人かの人たちから受け取っている筈である。

本書の二十二年を駆け巡ってきた最後のエピローグとして、私が寛サンの妻になるまでに私の人間形成に一役かってくれた人たちが与えてくれた言葉とエピソードを記しておこう。

まず一番目のオトコは父である山下長男だ。長男と書いてタケオと読む。字のごとく姉二人弟二人の五人兄弟の真ん中で長男である。この長男は私が三十五歳の時に直腸ガンで亡くなった。この長男という名前でのちょっと面白いエピソードがある。大概この長男と書いて誰でもナガオとしか読めないので、郵便速達や荷物が届いて門まで出ると「山下チョウナンさんのお宅ですか」とよく言われたものだった。

父は年末の二十八日に亡くなったので二日間ほど自宅でお通夜をした時のことだ。父の終の棲家になったのは西宮の上甲東園だ。門の横に「山下長男の通夜」と書かれたものが掲げられた。実家は、通りに面した家だったこともあり、それを見た近所の方々が当時独身で三十八歳だった長男の昭人が亡くなったのだと驚いて訪ねて来られたりした。不謹慎だが、影で笑いをこらえきれなくなったものだった。

父は、本書の初めにも触れたが家庭は全く母任せで、ほとんど子どもたちとも顔を合わせることなく朝早く出て夜遅くに帰ってくるような仕事一筋の人間だったと思う。昭和七十年代のホームドラマに「寺内貫太郎一家」というドラマがあったが、あの貫太郎さんと同様、気に入らないことがあると皆で囲んでいるお膳をひっくり返すような人だった。日曜日の父は、朝から夕方まで奥の八畳の間で寝ており、夕方になると起きてきて、決まって子どもが望まない「鍋物」という夕飯だった。起こしたら機嫌が悪くなるので、母からは静かに過ごすよう注意されていた。我が家の父のいる日曜日は友達すら遊びに来てもらえず、子どもたちは息をひそめる日曜日だった。父は野球が好きで、大の阪神ファンだった。阪神が劣勢になったり負けると、とたんに怒り出したり機嫌が悪くなる。私はラジオやテレビから野球解説のアナウンサーの声や野球場の騒音が流れると、とたんに食欲がなくなりしんどくなっていたことを思い出す。それでも父は末っ子の私には結構べたべたとくっついてきていたが、私は夢の中でもたびたびその状況に泣いて自分の声で目が覚めてしまうほどだった。父親が嫌で「将来は絶対、野球に興味のない人と結婚する」と小さい頃から決めていた。縦の物を横にもしないような、よくある昭和の父親像なのだが、私たちがお金に困ることなく幼ない頃から慎ましくもそれなりに豊かな暮らしが保障されていたのはあの父がいたからだと感謝したのは結婚してからだった。晩年は昔の懺悔の思いか、私の息子たちはとても可愛がってもらい子煩悩ならず孫煩悩だった。そんな父権の強い家で育ち、私が生まれて初めて出会ったオトコが父親である。横暴なのだけれど、意志が強く恐れ多い不可解な存在が私にとって「オトコ」の条件になっていった。

父が亡くなり、三十代半ばになった時、私はふと気づく。八〇年代当時、「女の時代」といわれたキャリア王道をアパレルで肩をブイブイ鳴らしながら働いていた。私の上司は本部長だった。彼は横暴で不可解で腹立たしい存在だったが、認めてもらえるまで頑張る自分をどうすることも出来なかった。父親と距離を置いて育ったような娘は小さい頃から「父親に認めてもらう」というやり残しを挽回するために、父親と似た概念のオトコのために頑張ってしまう。腹が立って仕方がないのだけれど、褒めてもらう快感が何にも替えがたいのだ。父が亡くなった当時、何かの本でそう知った。そういえば、姉も同じようなことを言っていたことがある。姉は教師を四十年ほど勤めたが、教頭になってからでもいくつかの学校で出会う上司が横暴で不可解で腹立たしい存在であればあるほど頑張ってしまうのだと言っていた。ファザコンが社会で働くオンナを生んでいるのかもしれない。

二番目は兄、昭人である。兄とは歳が三つ、学年は二年しか離れていない。歳が近いせいか小さい頃からとても仲良しだった。兄はどこにでも連れて行ってくれ、兄のクラス会にはいつでも妹をおまけに連れて行ってくれた。小さい頃はいつもいっしょに遊んでいた。彼の趣味は模型やラジオ制作で、鉱石ラジオの組み立て方を教えてくれては、「まちこもやってみて」と言われるのだが、理解の乏しい私は何度もつなぐ線を間違う。間違っても声を荒げることは一度もなく、優しい大好きな兄だった。中学生の頃は加藤諦三の著書を二人で読んでは人生論について話すのが好きだった。私が中学校一年生で兄が三年生の時、ブラザース・フォアやピーター・ポール&マリーの洋楽を我が家の茶の間にもたらしたのも兄だ。高校が同じで同じ空間の空気を吸っていた時間が多かった影響もあるのか、私の文化観や美意識は母に次いで主に兄から与えられた。手先が器用でもあり、なんでも自分で作ろうとする兄だった。兄に言われた言葉で、その後の人生に長く深く影響しているものに「おまえの知っていることは世の中のお前以外の人はもうすでにとっくに知っていると思え。得意になって知っていることを人に話そうとする時は、必ずそう思え」だ。得意そうに知ったかぶりをしてはいけないよ、ということだ。

三番目はM君である。彼は中学校の時の同級生で、高校は県立工業高校のデザイン科に進み、私がモノを作る、描くヒトへの道の入り口に誘われる影響を与えてくれた。現在は有名なキネティックアーティストだが、中学校の時は隣の席でよく喧嘩のような状況になった。彼の美への考え方と私のそれとが多分いつもどこか食い違っていたのだろう。中学三年生の時である。確か二人とも卒業文集の編集係でその表紙デザインを巡って、どちらも自分の作品を良しとするあまり意見が合わず大喧嘩したことがある。翌日にはどちらからともなく、自分がお互い言い過ぎたと仲直りしたのだが、あれは結局私が折れて、彼の絵を表紙にしたのではなかったか。彼の絵は鉛筆で神戸港の停泊船を描いたものだった。私はその大人っぽい構図やタッチが気に入らなかった。中学三年生の卒業文集の表紙にしては、何か身の丈の違う異文化なものを感じたからだ。高校は別々だったが、私が学校から帰ると学校の帰りに何回か家に遊びに来ていた。その後しばらく疎遠になり大学に入って私がイラストと詩の展覧会を始めた頃に再会することになる。当時彼は、芸大をめざす予備校生だったが、やがて芸術大学には行かずに、そこで講師をしながら作品を作り始めたようだった。彼の二人のお姉さんや義理のお兄さんも皆、芸術家で、彼の家庭環境そのものが「創造」という文化を持っていたのだろう。大学時代に進路に悩むことが多かった私は、「絵描きではなく、何か作る人、クラフト作家のような人になりたい」と彼に話したことがあった。その時、彼は「クラフトって何か知っているの？　まちが考えるような生易しい世界じゃないよ。本気で一生を賭してするようなものよ。今のまちには全く向いていないし、覚悟がないのに口に出してはいけないよ」とバッサリ私を切り捨てたのだった。その言葉は今でも心に残っている。もう一つ私の人生で呪文のように心を捉える言葉に「まち、なんでも世の中のものを言葉や理屈で考えられると思ったらだめよ。この世の中には言葉で表すことや理屈で割り切れないことの方が多いよ」とも言っていた。「創造」することは、そのような深い思惟や考え方が土台にあるものなのだと気付かされた。芸術大学に進めなかったという私のコンプレックスは、消えることはなかったが、これをきっかけにすっかり萎えた。代わりに深淵なる芸術家への憧憬は憧憬のままに大事にする方向を見つけたのだった。それは、今自分の目の前で望まれていることに取り組み、生活者の具体的な役に立つモノを生み出す商品デザイナーの道へ背中を押されるきっかけになったのだった。

四番目は高校時代の一年先輩のS君。この先輩は部活の音楽部が一緒だったことで仲良くなりほんの三ヵ月ほどの付き合いだっただろうか。彼の受験時期を考えて、私は音楽部を辞め、身を引く形をとった経緯がある。彼はその後、私の同級生と長い間付き合っていたが、その間にもちょくちょく私がいなくても我が家に遊びに来ては、母としゃべって帰るといった感じだった。母はこのひょうひょうとしてイケメンのS君のファンだった。彼が三年生、私が二年生の時に学内紛争が激しく起こっていたことは前に書いた通りだ。

ある時、彼は「相談したい」と電話をかけてきた。「明日、職員室前でハンガーストライキを強行する予定だけど、どう思う？」。それに対して私は何と答えたのか覚えていない。ただ印象に残っているのは「まちは教科書的な考えや言葉で何でも纏めようとする。小さく纏めよう、纏まろうとする人間はつまらんぞ」と彼が言ったことだ。その時に『ロウソクの科学』（ファラデー著・三石巌訳、角川書店）を読んで感動したということも言っていた。燃え続けるためにはエネルギーが要り、そのエネルギーは毛細管現象によって溶けたロウが上を目指してロウソクの芯を伝い続けることで燃える現象に繋がる。この部分に心を突き動かされたのだろうか。何のために自己は燃えようとするのか、何が原動力になっているのか、また自己が燃えようとする行動こそロウソクの芯に伝わる毛細管現象のように他者にエネルギーを伝えることになるのか……、今思えばそういったことを考えていたのではなかったか。私は何か言ったのだろうか、記憶にない。ただ、彼のその時の何らかの心の揺れだけは電話の向こうに感じ取れた。

S君は翌日、毛布にくるまって職員室前で座り込んでいた。昨夜の電話は警察に捕まる覚悟をして「相談」という口実で誰かと話したかったのではなかったか。私は、職員室の前で毛布にくるまっているS君を横目で通り過ぎながら、心の中でS君の私へのメッセージを一生忘れないでいようと思った。彼が指摘した教科書的な発想とは、育てられ方だなと思った。私は彼の家によく遊びに行き、夕飯もご馳走になったことがあったが、私の家よりずっとアットホームで自由放任な家庭だと思っていた。けれど、もしかしたらお父さんが高校の先生だったことからも、家庭内には教科書的な発想が底流にあったのかもしれない。私は教科書的な母の考えに猛烈に反発していたが、何のことはない私が母の考えを憑依していたということか。S君から勧められたこともあり『ロウソクの科学』は当時すぐ読んだ。シンプルな事象を多面的に捉える可能性と重要性を私は彼から教わった。その後の人生でコトある度に、「小さく纏《まと》まっちゃぁイカン」と自戒しながら生きてきた。彼は卒業後、北海道の大学に進んだ。時折帰って来ては、私のいない家に遊びに来ていたようだった。卒業後神戸に帰ってきて、小学校の先生の職に就いた。三十代の頃、ばったりと阪急電車の中で会い、その後バイクで我が家まで遊びに来たことがあった。当時、彼が着任した小学校は、アジアからの労働者たちが生活をする地域にあった。担任受け持ちのクラスには外人が珍しくなくて、子どもから、「先生、なにじん?」と聞かれる。僕は「ニンジン」と答えるようにしている、と話していた。あの頃とちっとも変わらず、ひょうひょうとイケメンのS君だった。

五番目はH君だ。高校二年生の学内紛争中、度々授業が休講になっていた。そんな状況の中とにかく唯一の楽しみは読書だった。この読書熱を煽ってくれたのが後ろの席に座っていたH

君だった。太宰治、夏目漱石、有島武郎、志賀直哉に始まり、澁澤龍彦、大江健三郎と我先に争って読むことをゲームのように楽しめた相手だ。あまり覚えていないが、当時は読んでは感想なども言い合って、感じ方の違いや、共感する部分を確かめ合っていたのではなかったか。彼は文学というものを芸術視していた。絵を描く私に対して自分にはその才能がうらやましいとも言っていた。

私の人生は結婚後もいつも誰からも邪魔されずに自分が引きこもれる居場所が本だった。その活字の中に横たわる美意識や価値観を見つける喜びのきっかけを与えてくれたのが彼だった。本から学んだ言葉はいつしか私の考えにまでなっていく。考えは自分の言葉になおして発することで行動に繋がる。学生たちに思いを言葉にするように話す。言葉はやがて思惟になり、思惟は思想になり、思想は信念になる。そして信念は行動になるのだと話す。そのためには言葉のバリエーションを知っている必要がある。感じたり思ったりするだけではなく、何とかそれらを言葉にして人に話すことを奨励している。この頃から随分後になって、大学院で再び「教育学」を学び始めた時、ヴィゴツキーの『思考と言語』（柴田義松訳、明治図書）に感じ入ったものだ。学びとは言葉を読むこと、読んだ言葉を理解して自分なりに咀嚼《そしゃく》して自分の言葉を生み出すこと。この学びに通じる「読書」、心の中で会話に繋がる「読書」の素晴らしさを教えてくれたのがH君だ。

私は父から男とは「横暴で、意志が強く恐れ多い不可解な存在」を学び、兄から、男とは「話し合える、可愛がってくれる、何でも教えてくれる、守ってくれる」など何かを与えてくれるものであることを教わった。そして、「自分が知っていることはもうすでに世界中の誰でも知っていることで、それを知らないのは自分だけだ」という謙虚への戒めを教わった。三番目に出会ったM君からは「覚悟がなければ口に出すな」、「世の中には言葉で表すことや理屈で割り切れないことの方が多い」ということを教わり、「創る」ということへの基本的な取り組み方を学んだ気がする。四番目に出会ったS君からは「小さく纏まってつまらん人間になるな」や「シンプルな事象を多面的に捉えることでいろいろなものが見えてくる」と、基本的な思想の持ち方のスタンスを学んだ。そして五番目に出会ったH君とは活字の中には感性の根源のようなものが静かに横たわっていることや、本は絶対に読む人を裏切らないということを共感しあった記憶がある。私は生まれてから幼児期、少女期を経て、両親や家族から貰った基礎の土台の上に、これらの出会いがあったように思う。そして確かにこの五人の彼らから与えられ、形成されつつあった自己アイデンティティーを意識し始めた頃、出会ったのが中村寛サンだった。

中村寛サンと出会ったのは長野県の南小谷村にある信濃荘という民宿。初対面は「変な客」

という印象だった。

私は高校一年生の春休みに希望者だけが参加できる高校のスキー教室に参加した。これはその前の年に兄が参加しており、兄からさんざん楽しかった話を聞いていたからだ。それがきっかけでスキーに夢中になり、二年生では自分の靴やスキー板も持ち、参加したのだった。そのうち、大学生になったらずっと雪山にいたいと思うようになり、大学一年生の時に友人のお姉さんの紹介で、長野県の南小谷村にある信濃荘という民宿で友人と住み込みの女中さんのアルバイトを冬休みと春休みに始めたのだ。アルバイト学生は東京、名古屋、関西とそれぞれの地から来ていた大学生たちだった。私は言葉で考え方を表現したり書いたりするおしゃべりな女子大生だったが、どこかで「雄弁な分、考えが浅かったりしないか」と自分を疑問視していた。それは、高校時代の学内紛争中に友人が言った言葉が引っかかっていたからだった。「沈黙は金」という言葉だ。

各地から大学生たちがいつ集まってくるかはまちまちで、お正月前までには全員揃うが、お正月が済むとまた各地に散らばって帰っていくのもまちまちだった。初めて女中さんのアルバイトをした大学一年生の年末、深夜に「こんばんわ」と入ってきた大学生がいた。お客さんだと思った私は「どちら様ですか」と尋ねたのだが、怪訝《けげん》そうな顔をされて無視された。変な客だった。それが、中村寛サンである。寛サンはアルバイト先の民宿の遠縁にあたる大学生で、信濃荘にはすでに番頭さんのアルバイトに入ってきていた同じ大学生の兄、中村誠サンの弟だった。彼は、お兄サンとは異なり極端に口の重い大学生で、それまであまり私の友人たちにはいないタイプだった。アルバイトの仕事は、客室をお掃除したり、お客のお昼ご飯のお弁当の準備をしたり、民宿の仕事を手伝うことだった。報酬はなく、その代わりに食べさせてもらい、かわいがってもらい、スキーを楽しむ時間をもらい、何よりも「田舎」といえるものがなかった私は自分の親戚の家のように楽しく過ごさせてもらった。アルバイトの仕事は早番と遅番があり、早番は先にお客さんと一緒にゲレンデに行き、滑る自由時間が得られるけれど、午後二時ごろには下山して夕飯の支度をする。遅番は朝ごはんの後片付けをしてから客室の掃除をし、昼ご飯をお客さんに運び、四時頃までゆっくり滑るというものだった。

ある日、寛サンと私は遅番が一緒になり、お客さんたちのお弁当をゲレンデまで運ぶことになった。雪道で歩いていても何も話すこともなく黙って歩を進めていた。ゆっくりとした口調で何か話しかけられた。何を勉強していて何を目指しているのかといったことだったようにも思うし、全く違うことを話しかけられたような気もするが、とにかく私は「絵本を作る人になりたい」と答えた記憶がある。大学一年生の冬といえば、何もかも反対されて、ちょうど悶々としていた頃だ。今で思うと彼の問いかけとは関係のない場違いな答えだったのかもしれない。だけれども、その時の私は白い雪道の自分の長靴の足元を見ながら「沈黙は金」という言葉が頭の中で錯綜していたのだった。何も話さないこの人の「沈黙は金」で、沈黙が苦手で口からつらつら軽口が出てくる私は、何だかとても恥ずかしい人間のように思ったのだった。

第一印象が「変な客」だった寛サンは、日本大学の芸術学部のデザイン科の学生だった。その彼を「言葉を軽く出さない、沈黙の金」だと思い込んだ私は、何か「引っかかる存在」として彼をインプットしてしまったのだ。これは多分、恋に落ちた瞬間だったと思う。

翌三月になり、大学が春休みになるとどこからともなく、学生たちは信濃荘に集まって来る。寛サンは東京でアルバイトをしてから信濃荘に来ていたようで、春も皆より遅れてやってきた。今度は友達を連れて麓の南小谷駅からスキー板を担いで歩いて山を登ってきたのだった。同じ大学だという友達の林クンはスキー初心者だったので、私が林クンにスキーを教えることになった。そり遊びをしたり、番頭さん、女中さんをしている仲間たちとてっぺんからトレインと称して滑り降りてきたり、とにかく本当に楽しい毎日だった。

寡黙な寛サンとはあまりしゃべることはなく、私の生徒になった友達の林クンと遊びながらボーゲンを教えたりしている時にたまに口を利く程度だった。そうしているうちに、この人はもしかしたら自分にはなくてはならない錘《おもり》のような存在なのではないかと思ってしまったのだった。恋をしていたに違いない。

信濃荘に集まっていた大学生たちは、時期が来たら東京、名古屋、関西それぞれの普段通りの大学生に戻る。雪焼けで真っ黒になって芦屋川に戻った私もまた女子大生に戻っていた。二年生の春である。二年生といえば夏ごろから株式会社三愛とデザイン契約をして東京と芦屋を行ったり来たりし始めたころだ。その頃の私は仕事で上京する以外にも、三愛の三宮店の中のギャラリーで始めた「まちの展覧会」という詩と天使のイラストの個展が盛況で、そのニュースが東京に及び、新宿店や西銀座店などからも呼んでもらい開催していた。そんな個展のための上京もあり、中村誠、寛、陽子ちゃん三人兄妹とは親しくなっていた。特に末っ子の陽子ちゃんは歳も一つ下で仲良しになり、上京した際には必ず中村家に泊めてもらうようになった。

二年生の八月に私は、ある作戦を思い付いた。それは中村寛サンへの「定期便」だ。絵を描く人になりたかった私は、石膏デッサン用の大きな木炭紙いっぱいに色鉛筆で月ごと季節ごとの童画を描き、それをカレンダーにして寛サンに送るというものだった。絵というのは展覧会や仕事など何か目的がなければなかなか描けない。この「定期便」のカレンダーは、大学を卒業して上京するまでの二年八ヵ月続いた。毎月の定期便はさまざまな色の色画用紙で作った定

お客さんのおにぎり弁当を背負って雪道を歩く中村寛サンとアタシ

形外の大きさの封筒で送るうちに芦屋郵便局でもお馴染みになっていた。この「定期便」作戦が功を奏したとは言えないが、毎月定期的に届くという習慣がそのうち楽しみに変わるだろうという目論見は成功だったに違いない。

彼から得たものはたくさんある。彼は寡黙な分、興味のあることが多くさまざまな趣味を持っていた。音楽、模型制作、山登り、サイクリング、釣り、カメラなど、インドア、アウトドア問わず相当な趣味人だったし、さまざまなモノに対するこだわりは天下一品だった。私は、それまでクラシックやフォークソングを愛好していた。それまで全く親しみのなかったジャズの扉を開いてくれたのは彼だ。そしてスポーツ少女ではなかった私に山登りやサイクリング等(体力さえあれば何とかなる)アクティブな文化を贈られた。今の私は間違いなく彼が私に伝え授けたものからできている。

結婚後十年は、この幻想が続いていたが、そのうち幻想は溶けてしまう。「言葉を軽く出さない、沈黙の金」ではなく、「何も考えていないから出す言葉がなかったんだ……」と問いが解けてしまった。今思えば、この「沈黙は金」の幻想は私が自分のために架空に作り上げたものだったのかもしれない。彼にしてみれば迷惑な話だったことだろう。

離婚して二十二年、今は夫婦同窓会のように、美術館に行ったり、美味しいものを食べたりコンサートに誘われたりする関係だ。何しろ出会って四年で結婚し、一緒に二十二年間家庭を築いて、子育てした同志である。共通の話題にも事欠かない。美意識は似ていたり異なっていたりだがそれも面白い。価値観が異なること自体が面白いと思えるようになったのは、同じ径《みち》を譲り合いながら歩くのではなく、同じ時間という流れに並行して続く別の径の歩行者になったからだろう。

彼は私より饒舌でおしゃべりだ。まさに「雄弁は銀」の人生を歩んでいる。

少し付け加えるならば、中村寛サンは野球狂ではなかった。子煩悩だったし休日に寝ているような人でもなかった。父のように怒鳴ったり、お膳をひっくり返したりするような人でもなかった。ただ、意志が強く頑固で不可解な存在であった部分は父と同じだった。

アタシ、ハハになる

昭和五十一年（一九七六年）

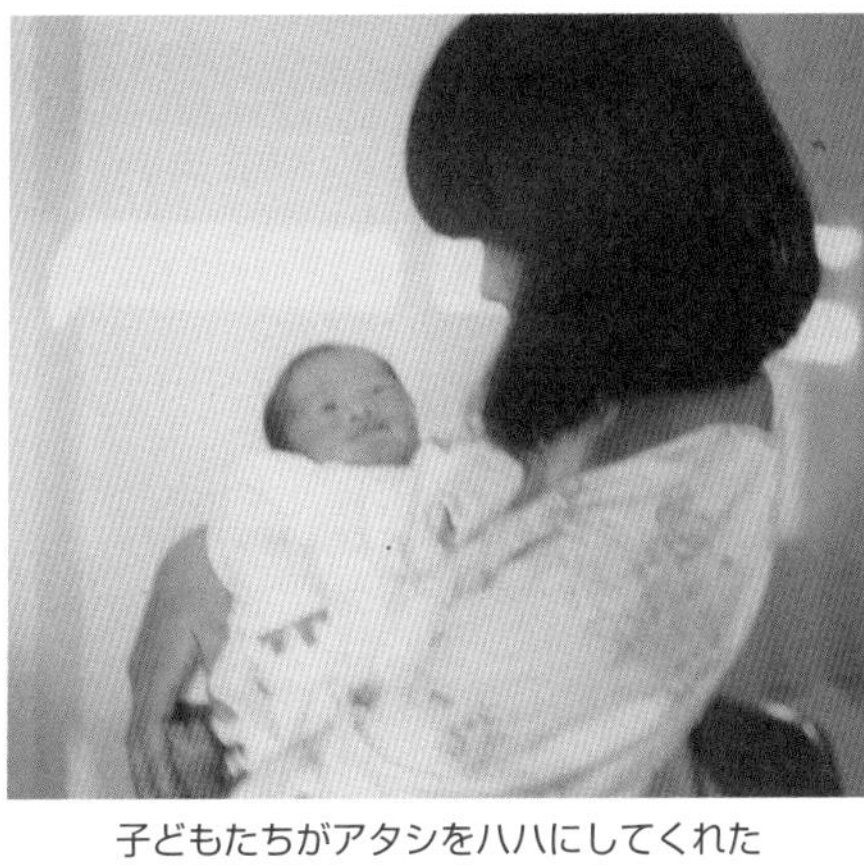

子どもたちがアタシをハハにしてくれた
生まれたての長男（圭太）とアタシ

オーバーオールで過ごした三年間　昭和五十一年〜昭和五十三年（一九七六年〜一九七八年）

昭和五十一年の八月まで株式会社東京銀座三愛で勤め、出産のために退職した。年末には長男圭太、また翌々年の一月には次男佑介を出産するまでのほぼ三年間はオーバーオールで過ごし、その後もジーンズで過ごした。二十三といえば、まだまだファッションに興味のある年頃で、年子で生まれた小さな息子たちを双子用のベビーカーに乗せ、本屋さんで雑誌アンアンをよく立ち読みしていた。着るモノといえばセーターやチェックのシャツにオーバーオールやジーンズで、七十年代の後半は何が流行っていたのかは全く知らない。いわば、私のファッション空白期だ。自分の着るモノよりも、生まれてくる赤ちゃんのために、ベビードレスやスタイや新生児用の足袋みたいなものにも刺繍して、ワクワクしながらその日を待つような二十三の若きハハだった。その頃実家は京都にあり、出産で京都に帰ってからは、母がその日まで私にしてくれたように、私もまた母からバトンをもらって、まだ見ぬ赤ちゃんとの暮らしを今か今かと待っていた。

この後まだまだしばらくは昭和時代が続く。これ以降は『アタシの昭和・平成お洋服メモリー（子育て・自分生き編）』にバトンをつなげ、母同様、私もなかなかのこだわりのモノ、コトを息子たちに提示することになるのである。

「どんな赤ちゃんがやって来るのかなぁ」と楽しみだった23歳のアタシ

あとがき

本書を書こうと思ったきっかけは大きく二つある。一つは本書の初めにも触れたように、歳をとり、昔のことを忘れてしまわないうちに書き留めておこうと思ったからだ。これは、当世話題の私の終活の一つだ。姉は七十二歳、兄は六十九歳、元旦那の寛サンも六十九歳、みんな何が何やら分からなくなる前に、「まちこ記憶」をひけらかしておこうと思ったのだ。そして、両親が離婚という形をとったために実家をなくした息子たち、長男圭太と次男佑介への懺悔の気持ちもある。もし、今でも彼らにとっての「実体」としての実家があったなら、母親の昔話などに耳を傾けてくれるようなひとときを持てたかもしれない。

私の母は自分のことをあまり話さない人だった。亡くなった時、私と姉と姪はそれぞれが断片的に母から聞いていたエピソードを繋いで、結婚前の彼女を明確に印象付けるようなものが欲しかった。戸籍をとったりネットで調べたりしたが、全く分からず、それぞれが断片的に聞いた通りの小さい頃のちぃちゃん（千賀子という名の母は小さい頃、ちぃちゃんと呼ばれていたらしい）で、父と結婚するまでのちぃちゃんとは繋がらなかった。もっと根掘り葉掘り聞いておけばよかった、と思うのは娘だからだろうか。

息子たちは娘のように母親の昔話など興味を示さないかもしれないが、自分たちのルーツを知ることは決して無駄ではないと考えた。

もう一つは「絵本を描く人になる」夢をこの辺でまず実行してみようと考えたからだ。童話の絵本とは異なるが、それはそれで「夢」の先延ばしも悪くない。ひとまず「真知子の書いた絵と文」としての絵本を残そうと考えた。

本書を書き始めてから、記憶の検証をするために何度か姉や兄に電話した。彼らはあまり覚えていなかったが、それでもひととき昔話に花が咲いた。何かを辿るということには思いがけない副産物がくっついてくるものだ。

今ある自分を形作ってきてくれた全ての人に、あらためてここで「ありがとう」を伝えたい。

そして最後に、忙しい仕事の合間をぬって本書の表紙デザインを手掛けてくれ、すてきなメッセージを贈ってくれた次男佑介（ちゅうたん）にも「ありがとう」を伝えたい。

二〇一九年二月

人生三度目の二十二年　六十六歳になる前夜に　　山下　真知子

■著者紹介

山下　真知子（やました・まちこ）
大手前大学教授・博士（生活環境学）
1953 年西宮生まれ
1975 年武庫川女子大学文学部教育学科卒業
2004 年神戸親和女子大学大学院教育学専攻修了（教育学修士）、2006 年武庫川女子大学大学院生活環境学研究科生活環境学専攻修了（博士・生活環境学）

大学卒業後、民間企業にて 26 年間デザイン・商品開発専門職を経て、カラートレンドアナリストとしてマーケティングに従事。

その後大学院で支援を軸とした全人教育、感性を育む授業開発をテーマに研究し、やがて支援と長年携わってきた色彩を繋げて、弱者支援に向けた色彩環境の在り方へと発展。「高齢者施設の回復期ケアを目的とした施設空間の色彩設計に関する研究」で博士号取得。教育施設や高齢者の医療・福祉施設における色彩環境のあり方を色彩心理学・色彩デザイン領域からアプローチ。「色のチカラで社会貢献」をスローガンに市民教育、青少年教育に取り組み、現在に至る。

兵庫県認定学校心理士スーパーバイザー、ガイダンスカウンセラー、環境色彩 1 級カラーコーディネーター。日本建築学会、日本色彩学会、日本教育心理学会、日本学校心理士会会員。

著書『まちこ先生の［いろ］講座』（大覚寺出版）、『ハッピーカラー年賀状』（秀和システム）、『現代社会を生きるキーワード―「いろ」を学び「いろ」を生かす―』（大阪公立大学共同出版会）、『色の魔法で子どもがかわる　みんなの学校トイレペイント・ガイド』（ドニエプル出版）など。

アタシの昭和お洋服メモリー

令和元年五月一日発行©
著　者　山下　真知子
発行者　小野　元裕
発行所　株式会社ドニエプル出版
〒581-0013 八尾市山本町南六―二―二九
TEL〇七二―九二六―五一三四
FAX〇七二―九二一―六八九三
発売元　株式会社新風書房
〒543-0021 大阪市天王寺区東高津町五―一七
TEL〇六―六七六八―四六〇〇
FAX〇六―六七六八―四三五四
印刷所　株式会社新聞印刷
カバーデザイン　中村佑介

ISBN978-4-88269-874-6